**Educação física, esportes e corpo:
uma viagem pela história**

SÉRIE CORPO EM MOVIMENTO

inter
saberes

2ª edição

Educação física, esportes e corpo: uma viagem pela história

André Mendes Capraro
Maria Thereza Oliveira Souza

inter saberes

Rua Clara Vendramin, 58 • Mossunguê • CEP 81200-170 • Curitiba • PR • Brasil
Fone: (41) 2106-4170 • www.intersaberes.com • editora@intersaberes.com

Conselho editorial
Dr. Alexandre Coutinho Pagliarini
Dr.ª Elena Godoy
Dr. Neri dos Santos
M.ª Maria Lúcia Prado Sabatella

Editora-chefe
Lindsay Azambuja

Gerente editorial
Ariadne Nunes Wenger

Asssistente editorial
Daniela Viroli Pereira Pinto

Edição de texto
Monique Francis Fagundes Gonçalves

Capa
Laís Galvão dos Santos (*design*)
Luana Machado Amaro (adaptação)
sirtravelalot/Shutterstock (imagem)

Projeto gráfico
Luana Machado Amaro

Diagramação
Bruna Jorge

Equipe de design
Luana Machado Amaro
Mayra Yoshizawa

Iconografia
Celia Kikue Suzuki
Regina Claudia Cruz Prestes

Dados Internacionais de Catalogação na Publicação (CIP)
(Câmara Brasileira do Livro, SP, Brasil)

Capraro, André Mendes
　　Educação física, esportes e corpo : uma viagem pela história / André Mendes Capraro, Maria Thereza Oliveira Souza. -- 2. ed. -- Curitiba, PR : Editora InterSaberes, 2023. -- (Série corpo em movimento)

　　Bibliografia.
　　ISBN 978-85-227-0711-9

　　1. Corpo (Educação física) 2. Educação física - Brasil – História 3. Educação física – Estudo e ensino 4. Educação física – História 5. Esportes I. Souza, Maria Thereza Oliveira. II. Título. III. Série.

23-160361　　　　　　　　　　　　　　　　　　　　　　　CDD-613.7

Índices para catálogo sistemático:
1. Educação física　613.7

Eliane de Freitas Leite – Bibliotecária – CRB 8/8415

1ª edição, 2017.
2ª edição, 2023.

Foi feito o depósito legal.

Informamos que é de inteira responsabilidade dos autores a emissão de conceitos.

Nenhuma parte desta publicação poderá ser reproduzida por qualquer meio ou forma sem a prévia autorização da Editora InterSaberes.

A violação dos direitos autorais é crime estabelecido na Lei n. 9.610/1998 e punido pelo art. 184 do Código Penal.

Sumário

Apresentação • 13

Organização didático-pedagógica • 17

Capítulo 1
Introdução à história da educação física • 21
   1.1 O conceito de *história* • 24
   1.2 A disciplina de História da Educação Física • 28
   1.3 Os preceitos fundamentais da pesquisa histórica • 37

Capítulo 2
As práticas físicas na civilização ocidental • 59
   2.1 A ludicidade na vida dos primeiros hominídeos • 62
   2.2 As atividades físicas na Antiguidade Clássica • 65
   2.3 As restrições corporais na Idade Média • 86
   2.4 Renascimento: a retomada dos ideais greco-romanos • 89

Capítulo 3
A história da educação física no Brasil • 99
   3.1 O período higienista • 102
   3.2 O período eugenista • 108
   3.3 As influências militares no Brasil • 115

Capítulo 4

Os conceitos de jogo e esporte e o futebol brasileiro • 131

4.1 O conceito de *jogo* • 134
4.2 O conceito de *esporte* • 138
4.3 O futebol brasileiro • 148

Capítulo 5

As Olimpíadas na Modernidade • 167

5.1 Movimentos antecedentes ao projeto de Coubertin • 170
5.2 O projeto olímpico • 172
5.3 Principais edições olímpicas • 179
5.4 As Olimpíadas na era dos megaeventos • 188
5.5 Os Jogos Paralímpicos • 191

Capítulo 6

A história do corpo • 199

6.1 Os ideais de corpo e estética • 202
6.2 Os padrões corporais da Antiguidade Clássica • 205
6.3 O corpo cerceado na Idade Média • 208
6.4 O ideal renascentista de corpo • 209
6.5 O corpo na Modernidade • 212
6.6 O atual padrão estético e o corpo enfermo • 214

Considerações finais • 225
Referências • 227
Bibliografia comentada • 235
Respostas • 239
Sobre os autores • 247

Às nossas famílias, que foram bastante compreensivas em relação ao tempo dedicado à escrita desta obra. Aos amigos e às amigas do Programa de Pós-Graduação em Educação Física da Universidade Federal do Paraná, especialmente dos nossos grupos de estudo.

Aos alunos de graduação que, sempre curiosos, nos instigam a continuar estudando.

Agradecemos primeiramente à Universidade Federal do Paraná, pela possibilidade de tornar nosso trabalho acadêmico visível.

A Marcos Ruiz da Silva, pelo convite para que escrevêssemos este livro e pela confiança em nós depositada.

À Editora InterSaberes, pelo profissionalismo e pela cordialidade.

De vez em quando as fontes, tão diretas, o trazem muito perto de nós: é um homem como nós, é um de nós. Mas é também um homem muito diferente de nós.

Carlo Ginzburg, 2006.

Apresentação

A primeira consideração que gostaríamos de fazer, a partir da oportunidade que nos foi dada de escrever este livro, diz respeito à abrangência científica que vem sendo contemplada na área de estudos de educação física. Inicialmente – e ainda costumeiramente – relacionada aos estudos quantitativos e fisiológicos dos esportes, a área abriu muitas portas às pesquisas pertinentes às ciências humanas. Como exemplo dessa abertura, citamos o caso de vários programas de pós-graduação em Educação Física que apresentam uma linha específica de estudos concernentes aos aspectos sociais do esporte e do lazer – e é nessa linha que estamos inseridos. Nessa perspectiva, os estudos de natureza histórica ganharam força, o que gerou um grupo consolidado de professores, doutores, mestres e estudantes que atuam com a utilização de fontes históricas. O mesmo ocorre em universidades de outros países.

É no intuito de apresentar, de forma sintética, os resultados dos esforços desses pesquisadores que se debruçaram – e ainda se debruçam – sobre os aspectos históricos da educação física e do esporte, tanto no plano nacional quanto no internacional, que escrevemos esta obra. Intentamos que ela seja útil para alunos em processo de formação acadêmica e também para professores já formados que gostariam de um material histórico de apoio para contextualizar sua disciplina. Do mesmo modo, esperamos poder atingir pessoas não relacionadas à área acadêmica que demonstrem interesse pelos assuntos abordados. Para tanto, buscamos mesclar referências conceituais e exemplos empíricos – as tão marcantes fontes históricas.

Temos como objetivo primordial apresentar e problematizar os principais pontos e embates observados no âmbito da educação física e dos esportes em seu transcurso histórico no Brasil e no mundo, tendo em vista sempre o contexto histórico da época analisada, em um processo de aproximação entre aspectos políticos, econômicos, socioculturais e esportivos.

Sabemos que pode parecer um pouco estranha a associação entre as áreas de história e educação física, por isso, no **Capítulo 1** deste livro, procuraremos demonstrar de que forma elas se relacionam e como as fontes históricas são fundamentais para a produção de pesquisas relevantes na esfera acadêmica da disciplina de História da Educação Física – apresentaremos, inclusive, algumas dicas de como e onde encontrar tais fontes. Além disso, abordaremos, ainda nesse texto inicial, como esse campo do conhecimento surgiu e se desenvolveu no Brasil.

No **Capítulo 2**, trataremos dos esportes e das práticas físicas antigas, principalmente das referentes aos gregos e romanos. Nessas culturas, tais atividades físicas tinham objetivos e características que de maneira alguma podem ser desvinculados de seus respectivos contextos e espaços. Em outras palavras, apenas as práticas mais recentes, sistematizadas, sobretudo a partir do século XIX, devem ser consideradas antecessoras dos esportes como os conhecemos atualmente. As principais rupturas que nos permitem defender esse entendimento serão contempladas no decorrer do capítulo, como o vínculo religioso dos jogos gregos ou os maximizados níveis de violência presentes nos jogos romanos – fatores inexistentes ou atenuados quando nos referimos às modalidades esportivas atuais.

No **Capítulo 3**, voltaremos a atenção para o percurso da educação física no Brasil, demonstrando que em seu início ela esteve vinculada aos ideais de modernidade e civilidade que provinham de países europeus e que se espalharam pelo território nacional. Foi dessa forma que a educação física atendeu a objetivos higiênicos e eugênicos pregados por médicos da elite intelectual no início do século XX, motivo pelo qual não podemos desvinculá-la de aspectos sociais, econômicos e políticos que permeavam o país. Também veremos como a área foi moldada e, ao mesmo tempo, serviu para moldar as transformações que ocorriam culturalmente ao longo daquele século.

Como mencionado, as atividades antigas não poderiam ser consideradas esportes. Mas, então, como podemos defini-los e em que circunstâncias eles surgiram? Esse é um dos principais pontos de debate e estudo na área de educação física e, por isso, destinaremos o **Capítulo 4** à discussão dessas questões. Fruto do acúmulo de operários em grandes fábricas a partir do processo da Revolução Industrial na Inglaterra, o esporte se espalhou pelo mundo como um dos principais modelos de lazer utilizados por variadas culturas, sobretudo as ocidentais. Chegou ao Brasil em um processo complexo de importação de costumes europeus, primeiramente por meio do turfe e do remo, e desenvolveu-se até alcançar, durante o século XX, o *status* de atividade que interfere em grande escala nas relações sociais e culturais. Daremos atenção especial à trajetória do futebol, tendo em vista a enorme representatividade que essa modalidade esportiva alcançou em nossa cultura.

No **Capítulo 5**, discorreremos sobre o estabelecimento dos Jogos Olímpicos modernos. As Olimpíadas, principalmente a partir dos esforços de Pierre de Coubertin, em 1896, pouco se assemelham aos variados jogos disputados pelos gregos. Os principais acontecimentos relacionados à estratégia de reviver esse espetáculo esportivo serão retratados na sequência, assim como seu desenvolvimento durante o século XX até atingir o atual *status* de megaevento.

Atualmente, o culto ao corpo também se tornou caro aos estudos na educação física, tanto por sua clara relação com a prática de esportes e outras atividades físicas quanto pelo apelo estético. Assim, no **Capítulo 6**, discutiremos aspectos pertinentes à valorização do corpo na Antiguidade, na Modernidade e na chamada *pós-modernidade*, bem como as consequências causadas pelos excessos pessoais na tentativa de alcançar os padrões prezados socialmente, os quais são ampla e constantemente vinculados pelos diferentes canais de mídia que preenchem nosso cotidiano.

Esclarecemos que os assuntos aqui tratados deverão servir como um estímulo inicial e como ferramenta pedagógica para que eventuais pesquisas mais aprofundadas possam ser realizadas. Além disso, objetivamos fomentar em você, leitor, um desejo investigativo e crítico, de forma que cada vez mais pessoas capacitadas possam auxiliar no crescimento científico dos estudos históricos e sociais da educação física.

Organização didático-pedagógica

Esta seção tem a finalidade de apresentar os recursos de aprendizagem utilizados no decorrer da obra, de modo a evidenciar os aspectos didático-pedagógicos que nortearam o planejamento do material e como o aluno/leitor pode tirar o melhor proveito dos conteúdos para seu aprendizado.

Introdução do capítulo

Logo na abertura do capítulo, você é informado a respeito dos conteúdos que nele serão abordados, bem como dos objetivos que o autor pretende alcançar.

Preste atenção!

Nestes boxes, você confere informações complementares a respeito do assunto que está sendo tratado.

Síntese

Você conta, nesta seção, com um recurso que o instigará a fazer uma reflexão sobre os conteúdos estudados, de modo a contribuir para que as conclusões a que você chegou sejam reafirmadas ou redefinidas.

Indicações culturais

Nesta seção, os autores oferecem algumas indicações de livros, filmes ou *sites* que podem ajudá-lo a refletir sobre os conteúdos estudados e permitir o aprofundamento em seu processo de aprendizagem.

Atividades de autoavaliação

Com estas questões objetivas, você tem a oportunidade de verificar o grau de assimilação dos conceitos examinados, motivando-se a progredir em seus estudos e a se preparar para outras atividades avaliativas.

Atividades de aprendizagem

Aqui você dispõe de questões cujo objetivo é levá-lo a analisar criticamente determinado assunto e aproximar conhecimentos teóricos e práticos.

Bibliografia comentada

Nesta seção, você encontra comentários acerca de algumas obras de referência para o estudo dos temas examinados.

Capítulo 1

Introdução à história da educação física

A disciplina de História[1] é uma das mais presentes nos cursos de graduação – e o curso de Educação física não é exceção à regra. Logicamente, existem motivos históricos para a valorização dessa disciplina na área em questão.

---

[1] Nesta obra, em atendimento ao padrão da Editora InterSaberes, o termo *História* (com a inicial maiúscula) faz referência à disciplina curricular ou ao curso da educação superior identificados com essa denominação; nas demais acepções, o termo aparece grafado com a inicial minúscula. O mesmo se aplica à distinção entre *Educação Física* (com as iniciais maiúsculas) e *educação física* (com as iniciais minúsculas).

Tendo isso em vista, neste capítulo, apresentaremos algumas características desse campo do saber, a fim de explicar a presença da disciplina de História nos cursos de Educação Física.

Logo em seguida, trataremos do elemento primordial da história: as fontes históricas. Esse material de trabalho permeia toda pesquisa histórica; portanto, é essencial que você adquira, logo no primeiro capítulo, noções gerais sobre quais são os tipos de fontes de consulta, de que maneira classificá-las e como utilizá-las.

1.1 O conceito de *história*

É inevitável: o próprio conceito de *história* é construído historicamente. Ao afirmarmos isso, visamos antecipar que, atualmente, esse conceito não tem o mesmo significado que tinha no passado – e, provavelmente, o termo será ressignificado no futuro. Mas por que isso acontece?

Você já deve ter reparado que reavaliamos periodicamente nossos conceitos. Por exemplo, você pode começar a gostar de uma pessoa que antes considerava antipática, assim como poderá gostar de uma comida que era horrível ao seu paladar na infância.

Essa reavaliação de conceitos também ocorre no âmbito social. Podemos citar como exemplo o casamento, que mudou bastante nas últimas décadas. No início do século XX, as pessoas costumavam casar muito jovens – alguns cônjuges tinham apenas 12 anos de idade – e os casamentos, em vários casos, ocorriam em função de acordos entre famílias. Na Idade Média, a maioria das pessoas passava a vida toda sem se afastar mais do que 30 quilômetros do lugar de nascimento – um deslocamento de 10 quilômetros era considerado uma viagem. Já pensou o quanto tudo isso mudou até a atualidade? O mesmo aconteceu, e ainda acontece, com a história – conceito que surgiu há mais de dois milênios.

Na cultura greco-romana, a história era a arte de narrar um feito passado para que este não caísse em esquecimento. Caberiam ao historiador/narrador a escrita do texto (lembrando que poucas pessoas eram letradas na época) e a seleção dos fatos que deveriam (ou não) ser eternizados. Esses precursores dos estudos históricos – como os gregos Heródoto e Tucídides e os romanos Plutarco e Tito Lívio – preocupavam-se em descrever as virtudes e os defeitos morais de figuras públicas. Plutarco, por exemplo, na reconhecida e detalhista obra *Vidas paralelas: Alexandre e Cesar*, comparou as personalidades e posturas políticas de dois grandes líderes: o ditador romano Júlio César e o imperador macedônio Alexandre, o Grande.

Bem mais tarde, em meados do século XVIII, na Europa iluminista[2], a história passou a ser a responsável por registrar os avanços da sociedade. Na sequência, já no século XIX, com o surgimento da Escola Metódica[3], fundada por Leopold von Ranke – influenciado pela corrente filosófica denominada *positivismo*[4] –, a história ganhou o *status* de ciência. Em virtude disso, um renomado historiador da Escola dos *Annales*[5], Marc Bloch (2002), no início do século XX, definiu-a como a "ciência que estuda o homem no

---

[2] O Iluminismo surgiu na França, no século XVIII, e rapidamente se difundiu pela Europa. Ao valorizar amplamente a ciência e a filosofia, esse movimento intelectual afetou o desenvolvimento social e cultural do Ocidente, pois seus adeptos consideravam o homem como ser livre e em constante progresso.

[3] A Escola Metódica foi fundada no século XIX e estabeleceu os princípios do método histórico. Em outras palavras, extraoficialmente a história deixou de ser uma forma de narrativa que contava o passado, ou mesmo um gênero literário (como os gregos na Antiguidade a consideravam), para se tornar um saber formal.

[4] O positivismo é uma corrente/doutrina filosófica formulada por Augusto Comte no início do século XIX. Em síntese, a doutrina acentua a necessidade de que a ciência deve ser fundamentada na análise de dados empíricos. O foco central dos estudos positivistas deveria ser a sociedade.

[5] Trata-se do movimento historiográfico surgido a partir de 1929 no entorno da revista *Annales d'Histoire Économique et Sociale*. Seus principais articulistas foram Lucien Febvre e Marc Bloch, que tinham como proposta central romper com a Escola Metódica ao reforçar que caberia ao historiador estudar as mentalidades.

tempo" – questão que até hoje é discutida, tendo em vista que o conceito de *ciência* também oscila temporalmente (Silva; Silva, 2010). Há até mesmo teóricos que, pautados sobretudo na teoria de Hayden White (1995), chegam a defender que, por maior que seja o esforço para se instituir a história como campo de pesquisa, ela nunca deixou de ser um gênero literário.

Aceitando-se ou não a ideia de que a história é uma ciência, o importante é perceber que existe uma sensível diferença entre a história que é usada e produzida no meio acadêmico e aquela que é escrita fora desse ambiente. De modo algum se trata de uma posição hierárquica, isto é, uma não é melhor do que a outra. No entanto, a história acadêmica exige a observância de alguns procedimentos que não são necessários, por exemplo, para a produção de obras literárias com viés histórico.

Tais procedimentos não decorrem da própria história, mas da ciência como a conhecemos atualmente. Assim, a história de que trataremos nesta obra exige que se considerem aqueles itens típicos da pesquisa científica: uma questão-problema a ser investigada e, se possível, respondida ao término da empreitada; procedimentos metodológicos (técnicas específicas para executar uma pesquisa); o manuseio de fontes históricas, que são os materiais típicos da pesquisa do historiador; e, sobretudo, um compromisso ético perene com a verdade – mesmo sabendo-se que, como se trata do passado, só será viável acessar uma parcela da história, ou seja, esta é uma verdade fragmentada, limitada e sempre questionável.

É válido ressaltar que isso não significa que escritores de obras literárias que abordam algum episódio histórico não possam recorrer a tais procedimentos. Um bom exemplo disso é a escritora Svetlana Aleksiévitch, ganhadora do Prêmio Nobel de Literatura de 2015, cujos livros narram grandes tragédias que ocorreram no mundo – como a Segunda Guerra Mundial e o acidente na usina nuclear de Chernobyl – a partir do ponto de vista dos participantes, que foram meticulosamente entrevistados. Outro exemplo de produção literária que usa recursos da história são os livros escritos por Ruy Castro, um dos biógrafos mais conhecidos do Brasil, autor de biografias como *O anjo pornográfico* (do escritor e teatrólogo Nelson Rodrigues), *Estrela solitária* (do campeão mundial de futebol Garrincha) e *Carmen* (da atriz e cantora Carmen Miranda). Para escrever cada uma dessas obras, Castro passou anos buscando fotografias, documentos e notícias em jornais e, principalmente, entrevistando pessoas que conviveram com os biografados.

Como não se trata de uma ciência exata, concordamos então com a ponderação apresentada acerca do conceito em questão no *Dicionário de conceitos históricos*:

> *Qual a validade de tratarmos aqui do conceito de História quando aparentemente essa é a primeira coisa que o professor aprende durante seus anos na universidade? Na verdade, os significados da História estão em constante mutação e é preciso que o professor leve a reflexão em torno dessa constante mudança para a sala de aula, fornecendo instrumentos para que seus estudantes possam compreender a complexidade da História e a dificuldade de se responder à pergunta "O que é História?". Essa pergunta não é nova, e cada corrente de pensamento procura dar sua própria resposta. Por isso, não é possível oferecer uma definição fechada para esse conceito. O mais importante é estabelecer as linhas gerais do debate em torno da natureza da História.* (Silva; Silva, 2010, p. 182)

Enfim, mesmo com a ciência de que o conceito de *história* é sempre provisório, variando de acordo com a época ou mesmo com as convicções do historiador, o mais relevante neste ponto é saber que hoje sua definição transcende a ideia de simplesmente captar e reproduzir conhecimento. Com isso queremos dizer que, atualmente, experimentar a **produção histórica**, ou seja, o manuseio de fontes e a posterior interpretação destas, é tão importante quanto ler e estudar obras históricas. Ao término de cada capítulo, apresentaremos indicações culturais que poderão ajudá-lo a ter esse tipo de experiência.

Agora que você já tem uma noção geral de como a história é pensada (como um conceito em constante movimento), podemos passar para a próxima etapa: analisar como a disciplina de História da Educação Física foi inserida no curso de Educação física e quais foram os motivos para isso. Portanto, a seguir, relataremos, de forma breve, a história da própria matéria, desde seu surgimento, no fim do século XIX, até os dias atuais.

1.2 A disciplina de História da Educação Física

De acordo com algumas pesquisas (Melo, 1999; Marinho, 1952), há indícios de que mesmo nos primeiros cursos de formação em Educação Física, que tinham finalidade exclusivamente militar[6], já existiam tópicos ou mesmo disciplinas de História.

Preste atenção!

Os primeiros cursos de Educação física tinham como finalidade principal formar militares capacitados ao ensino da ginástica. Estes, por sua vez, deveriam preparar os recrutas para a ação física, tendo em vista que os conflitos bélicos ainda eram extremamente dependentes do esforço físico, já que, mesmo com o crescente uso das armas de fogo, ainda eram regulares os combates corpo a corpo.

Nesses primeiros cursos, a disciplina de História referia-se exclusivamente às práticas físicas/competitivas e aos movimentos ginásticos, uma vez que a própria educação física ainda não correspondia a um curso de graduação e mal havia sido implementada nas escolas primárias e secundárias, apesar de todo

---

[6] Curso de curta duração que oferecia o título de instrutor.

o esforço empreendido por Rui Barbosa desde 1882[7] – ou seja, sequer tinha uma história a ser contada. Essa situação permaneceu aproximadamente por duas décadas, mesmo com o amplo desenvolvimento da educação física e dos movimentos ginásticos no cenário europeu e também com o crescimento e a sistematização de práticas competitivas nas **Young Men's Christian Association**[8] (YMCA) dos Estados Unidos da América.

Entre as décadas de 1920 e 1940, quando começaram a surgir várias escolas de Educação Física pelo Brasil, muitas incluíram em seu currículo a disciplina de História da Educação Física, como a Escola Nacional de Educação física e Desportos - ENEFD (Melo, 2000). É fato comprovado que a história ensinada aos alunos nessa época seguia padrões que hoje estão desatualizados, como o modelo predominante intitulado **história vista de cima**. De acordo com essa perspectiva, os feitos significativos dos heróis nacionais, por exemplo, eram supervalorizados, enquanto a participação de atores sociais com papéis secundários e de segmentos populacionais excluídos era negligenciada.

Além disso, geralmente, a disciplina abandonava a possibilidade de estimular e gerar pesquisas, restringindo-se ao ensino, já que os professores – grande parte sem capacitação alguma nessa área – passavam aos alunos uma série de dados, fatos e datas, solicitando-lhes que decorassem tudo para o exame teórico. Por exemplo, se o professor estivesse ensinando história clássica, ele poderia pedir que os educandos memorizassem para o exame

---

[7] Rui Barbosa, renomado estadista brasileiro, defendeu com veemência, na condição de deputado, a inserção da ginástica como conteúdo obrigatório nas escolas brasileiras. Para isso, foi emitido um parecer acerca do Projeto n. 224, Reforma Leôncio de Carvalho – Decreto n. 7.247, de 19 de abril de 1879, da Instrução Pública (Brasil, 1879).

[8] Chamadas no Brasil de *Associações Cristãs de Moços* (ACMs), essas instituições rapidamente se espalharam por vários países do globo. As ACMs surgiram na Inglaterra como forma de educar os jovens com base em valores cristãos.

teórico os mais de cem jogos praticados na Grécia Antiga, a periodicidade dos eventos, as cidades-sede[9] e até mesmo o deus ao qual determinada modalidade prestava homenagem.

Ainda hoje podemos encontrar disciplinas organizadas dessa forma, que cobram dos alunos nomes de grandes professores de Educação Física ou de atletas, seus respectivos feitos, datas comemorativas importantes para a área etc. No entanto, atualmente podemos questionar esse modelo de ensinar História, pois uma simples procura em mecanismos de busca, como o Google, é menos onerosa do que passar horas decorando informações listadas.

Devemos ressaltar, entretanto, que esse método de ensino tinha uma função específica no início dos cursos de Educação Física, na primeira metade do século XX. Como a área estava em fase de consolidação, tentando se apresentar como necessária a uma sociedade que ainda tinha dúvidas sobre os benefícios das práticas físicas, a formulação de uma história (preferencialmente remota) ajudou a consolidar uma identidade[10] de ofício. Esse foi o motivo para a disciplina apresentar tantos dados, fatos e nomes associados a práticas físicas militares (bélicas), a maioria de civilizações antigas: fortalecer a ideia de que os exercícios sistematizados existem há milênios e podem ser considerados os primórdios da própria educação física. O historiador Eric Hobsbawm, em tom crítico, chamou esse método de "tradição inventada" (Hobsbawm; Ranger, 2014, p. 8).

---

[9] Os Jogos Olímpicos eram o evento mais conhecido, porém existiam jogos em Delfos, Corinto, Atenas, Esparta e em várias outras cidades.

[10] Podemos entender como *identidade* a soma dos elementos que um indivíduo ou agrupamento social usa para se diferenciar de outro. Por exemplo, pensando em **identidade nacional**, poderíamos listar como exemplos os hábitos, os costumes, as práticas, a alimentação, os esportes mais populares, os ritos e festejos como parte constitutiva dessa identidade. Já ao pensarmos em **identidade clubística**, poderíamos citar como elementos as cores, o hino, os cânticos, o estádio e os símbolos de determinada agremiação. No caso da **identidade do profissional de educação física**, podemos apresentar como características atuais: a vestimenta, a motivação para a prática, as habilidades interpessoais, o apreço pela atividade física e o cuidado com a saúde e o bem-estar.

Mas esse tipo de história serial, se comparado ao modelo que era aplicado em escolas militares, já demonstrava vários avanços. O primeiro avanço diz respeito ao foco da disciplina na educação física, e não na história geral ou na história da educação, pois os professores-pesquisadores já eram profissionais formados em Educação Física. Podemos apontar como precursor o professor **Fernando de Azevedo** (1894-1974), que, ainda sob forte influência da ginástica francesa, publicou *Da educação física: o que ela é, o que tem sido e o que deveria ser*, em 1920 – obra que teve grande repercussão na década de 1930 (Azevedo, 1920).

O segundo avanço foi que os novos professores, em vez de simplesmente reproduzirem o conteúdo de livros importados da Europa e que, consequentemente, narravam a história dos movimentos ginásticos presentes naquele continente, preocuparam-se em produzir material acadêmico para ensinar seus alunos. Destacou-se, nesse sentido, o professor **Inezil Penna Marinho** (1915-1985), autor de vários livros focados no ensino de educação física, inclusive do inédito *Contribuições para a história da educação física e dos desportos no Brasil*, uma das obras de maior impacto a tratar exclusivamente da história da educação física. A obra foi publicada em 1943 e usada como bibliografia básica por décadas (Marinho, 1943). Outro pesquisador de destaque foi o professor e general do exército **Jayr Jordão Ramos** (1907-1980), autor de vários textos que visavam aproximar as práticas físicas realizadas na Antiguidade Clássica das práticas esportivas modernas e de educação física – o mais conhecido, *Os exercícios físicos na história e na arte: do homem primitivo aos nossos dias*, foi publicado em 1982, postumamente (Ramos, 1982).

Apesar de as obras e os autores que citamos se tornarem desatualizados com o passar do tempo, eles continuaram sendo muito utilizados na disciplina de História da Educação Física até meados da década de 1990. A explicação para o uso prolongado, sem ao menos passar por restrições críticas ou atualizações, tinha um motivo contextual. Como o sistema político vigente na época era uma ditadura de ordem militar, as diretrizes de ensino em todos os níveis forçavam o uso de um modelo de história acrítica e factual, centrado apenas na descrição de feitos, datas, nomes e símbolos iconográficos que, convenientemente, acentuavam o crescimento (muitas vezes, fantasioso) do país. Também vale ressaltar que esse modelo de história, com um viés ideológico reforçando o sistema político, é ministrado até hoje em países com regimes totalitários – como Cuba e Coreia do Norte – e mesmo em países democráticos – algumas vezes, obras subsidiadas pelo governo mostram evidente simpatia pela gestão que as financiou.

Mudanças sociais significativas começaram a ocorrer em meados dos anos 1980, quando o movimento Diretas Já! apontou para a queda do regime militar e a eclosão da democracia civil. A euforia era grande diante da possibilidade de eleições diretas (que, na verdade, só se concretizariam em 1989), da retirada dos militares do cenário político e, acima de tudo, da tão esperada liberdade de expressão. Tal liberdade iria manifestar-se com mais ênfase em meios que foram efetivamente controlados pelo Estado durante o regime, como o artístico, o literário, o jornalístico e o acadêmico.

Nesse contexto, a própria educação física também mudou significativamente. Ainda como curso de licenciatura plena (sem a separação em licenciatura e bacharelado), a área apoiou amplamente o processo de redemocratização no país. Já na década de 1980, surgiram obras pautadas na **pedagogia histórico-crítica**, uma proposta teórico-prática – com viés ideológico fortemente marcado – influenciada pelo materialismo dialético[11] de Karl

---

[11] O materialismo dialético é uma teoria ideológico-política formulada por Karl Marx, com apoio de Friedrich Engels, que, em síntese, busca a explicação das sociedades via economia, já que divide inflexivelmente as sociedades (capitalistas) em duas classes: burguesia (controladora dos meios de produção) e proletariado (demais indivíduos oprimidos pela burguesia).

Marx e por alguns preceitos do construtivismo[12] de Lev Vygotsky. Uma das obras da área subsidiada por esse modelo pedagógico (embora não em todos os capítulos) foi *Metodologia do ensino de educação física* (Castellani Filho et al., 1992), que ficou popularmente conhecida como *Coletivo de autores*, por ter sido escrita por seis renomados professores. Esse livro ainda é muito lido e discutido nos cursos de graduação, a ponto de ser considerado um dos clássicos da educação física brasileira.

Um dos seis autores do livro citado, o professor Lino Castellani Filho, havia lançado, alguns anos antes, um livro específico sobre a história da área: *Educação física no Brasil: a história que não se conta* (Castellani Filho, 2013)[13]. Influenciado pela obra *A educação física cuida do corpo... 'e mente'*, de João Paulo Medina (2010) – que representou um marco no rompimento do paradigma em vigência –, o polêmico livro de Castellani Filho propôs uma divisão da história da educação física no Brasil em três momentos, de acordo com os objetivos associados à prática física: higienismo, eugenismo e militarismo[14] – periodização que ainda é muito usada por pesquisadores da área.

Como primeira obra de impacto a tratar da história da educação física após a queda do regime militar, o livro de Castellani Filho foi praticamente o único usado nos cursos de graduação em Educação Física durante os anos de 1990. Aliás, alguns professores recém-formados, empolgados com as conclusões do autor – principalmente por conta do tom crítico dado ao esporte (que, **supostamente**, havia sido usado pelos militares com a finalidade de alienar o povo) –, acabaram dando um foco predominantemente

---

[12] A teoria construtivista pauta-se essencialmente no estudo da confluência entre os aspectos cognitivos e culturais. Para Vygotsky, são esses elementos os principais responsáveis pela formação da personalidade do indivíduo. Tal teoria é aplicada, sobretudo, para a compreensão do desenvolvimento infantil.

[13] A primeira edição dessa obra data de 1988; a de Medina, data de 1983.

[14] Detalharemos esses três períodos da educação física brasileira no Capítulo 3.

teórico às suas aulas no ensino fundamental e no ensino médio. Sem dúvida, mesmo com as melhores intenções possíveis por parte desses professores, os alunos acabaram frustrados, pois esperavam encontrar naquelas aulas um momento para se movimentarem em um espaço diverso do ambiente da sala de aula.

Ainda na década de 1990, foi realizado o primeiro Congresso Brasileiro de História do Esporte, Lazer e Educação Física (Chelef)[15]. O evento foi concebido em virtude da iniciativa de professores ligados a programas de pós-graduação em História, Educação e, principalmente, Educação Física, entre os quais estavam nomes hoje consagrados na área, como Ademir Gebara, Lamartine Pereira da Costa, Luiz Carlos Ribeiro, Hugo Lovisolo e Carmen Lúcia Soares – e seus respectivos orientandos de mestrado e doutorado. Esse congresso logo se tornou fundamental para a área, pois agregava pesquisadores de história com temáticas semelhantes, a grande maioria responsável por ministrar a disciplina correlata em cursos de graduação espalhados pelo Brasil.

Além disso, o perfil dos precursores fomentou a ampliação das possibilidades teóricas, rompendo com a hegemonia do modelo amparado na pedagogia histórico-crítica, que passou a ser uma possibilidade, e não mais uma exigência. Os pesquisadores/congressistas eram influenciados por propostas interpretativas da sociologia, como as de **Norbert Elias** (1897-1990) e **Pierre Bourdieu** (1930-2002), ou mesmo da própria história, que arejavam o modelo dialético de Marx – como as pesquisas dos autores **Eric Hobsbawm** (1971-2012) e **Edward Palmer Thompson** (1924-1993). Mesmo após décadas, o congresso científico ainda

---

[15] Ao longo das últimas duas décadas, esse evento acadêmico mudou de nome algumas vezes – como ao incluir a dança, por exemplo –, mas nunca alterou seus princípios norteadores.

é reconhecido pela abertura a novos temas e a novas possibilidades metodológicas.

Atualmente, a história é uma das áreas de pesquisa mais presentes em programas de pós-graduação em Educação Física e corresponde a uma produção intensa de textos acadêmicos, como relatórios de iniciação científica, artigos, dissertações, teses e livros (Moraes e Silva et al., 2017). Como consequência dessa significativa produção, os temas passaram a ser cada vez mais delimitados, gerando a figura do **pesquisador especialista**.

A seguir, apresentamos uma síntese dessa trajetória.

> Inezil Penna Marinho, na década de 1940, e Jayr Jordão Ramos, entre 1960 e 1980, conseguiram sintetizar em suas obras o conteúdo de toda a história das práticas físicas da educação física e dos esportes.
>
> Já no final da década de 1980, Lino Castellani Filho tratou em seu livro apenas da história da educação física no Brasil (do fim do século XIX aos anos de 1980).
>
> Atualmente, uma pesquisa assim seria praticamente impossível. Isso porque hoje em dia são produzidas obras mais densas, que focam, por exemplo, apenas um período da educação física (como os Anos de Chumbo durante a ditadura militar) ou um único esporte (como o *Mixed Martial Arts* – MMA). Além disso, as delimitações atuais são híbridas, englobando esporte, período e local (como a história da Geração de Prata do vôlei). Outra possibilidade oferecida atualmente diz respeito ao uso de um tipo de fonte histórica específico (como a consulta da história do futebol na revista *Placar*).

Podemos considerar tal processo de especialização como o amadurecimento da disciplina de História da Educação Física.

1.2.1 A importância da disciplina de História nos currículos de Educação Física

Como visto anteriormente, o conceito de *história* é de difícil definição, visto que ele é mutável, variando de acordo com o contexto sócio-histórico. Também mostramos que a disciplina de História da Educação Física se desenvolveu no transcurso do século XX. Porém, ainda fica a questão: Qual é a necessidade de se estudar uma disciplina da área de humanas em um curso que, aparentemente, tem mais a ver com as ciências biológicas e a área de saúde?

Para tentarmos responder a essa complexa questão, recorreremos novamente à própria história. Com relação aos cursos precursores (de instrução militar) ofertados nas primeiras décadas do século XX, não é possível precisar o motivo para essa disciplina já constar nos currículos. No entanto, podemos formular uma hipótese pautada na máxima reforçada por Ginzburg (2006): são mais valiosas as hipóteses criativas e fundamentadas do que as conclusões óbvias. É provável, então, que a disciplina de História da Educação Física tenha composto a grade horária nesse período por ser uma disciplina tradicional, tanto que vários cursos – Engenharia, Medicina, Direito, Jornalismo, entre outros –, não raro, também apresentavam (alguns ainda apresentam) uma matéria sobre sua própria história. Trata-se de uma espécie de autojustificação de sua importância, pois tudo o que revela uma história pode ser considerado valoroso, tradicional, ou seja, ter uma história eleva o *status* social da educação física como campo de trabalho qualificado.

Na sequência, a disciplina permaneceu nos currículos por atender a diferentes demandas contextuais, tanto sociais como políticas, como demonstraremos nos capítulos seguintes. Já na atualidade, além de um campo profícuo à pesquisa, a História da Educação Física é pensada como fundamental ao autoconhecimento profissional, como bem afirma o professor Victor Andrade de Melo (2000, p. 97-98):

Todos, querendo/sabendo ou não, fazemos parte da história. Ao mesmo tempo somos e fazemos a História.

[...]

Contudo, devemos ter cuidado para esclarecer aos alunos que isto não significa que exista uma relação linear e simplista de causa-consequência a ser desvendada. Muito pelo contrário, devemos tomar cuidado com esta compreensão. O presente não é a soma dos passados, guarda suas especificidades, seus próprios condicionamentos, que possivelmente só vamos poder entender melhor, pelo menos historicamente, em algum momento futuro. É inegável que o presente e o passado guardam uma relação, mas a História só está habilitada a 'lançar luz', auxiliar junto com outras disciplinas (Sociologia, Antropologia etc.) à busca de uma compreensão maior, sem a pretensão de estabelecer "verdades absolutas/ inquestionáveis".

Tendo isso em vista, podemos formular a seguinte explicação: ao estudar a história da educação física, é possível entender por que existem práticas, usos, hábitos e costumes típicos da profissão e como eles foram historicamente estabelecidos (lembrando que, mesmo consolidados, são sempre sujeitos ao jugo no presente). Nesse sentido, a disciplina também desperta o senso crítico em relação à sociedade, à cultura e, até mesmo, ao contexto global. Em síntese, o papel essencial da disciplina de História da Educação Física é tornar o profissional da área mais autônomo, crítico, atento e, sobretudo, ético – um profissional-cidadão.

1.3 Os preceitos fundamentais da pesquisa histórica

A maioria dos cursos de Educação Física tem várias disciplinas/conteúdos da área de humanas, como a própria História, a Sociologia, a Filosofia e a Antropologia. Mas o que difere a primeira das demais? A resposta é bem simples: as fontes históricas.

Desde as páginas iniciais desta obra, estamos alertando você sobre a necessidade de se conhecerem bem as fontes históricas. Isso porque a história – ao menos a acadêmica – não existe sem as fontes históricas, pois elas são seus alicerces.

Podemos afirmar que as fontes históricas são conjuntos de materiais referentes a certa época e sujeitos a certas subjetividades que, depois de localizados e analisados pelos pesquisadores, podem servir para esclarecer determinado episódio. No entanto, assim como a história, as fontes históricas também apresentam uma conceituação mutável. Por exemplo, durante as décadas finais do século XIX, a Escola Metódica, surgida na Europa, pregava que as únicas fontes históricas confiáveis eram os documentos oficiais. Atualmente, esse preceito pode ser considerado até ingênuo. Já pensou acreditar que todo documento produzido pelos políticos (aqui no Brasil, sobretudo) é objetivo e confiável, ou seja, uma fonte histórica desprovida de segundas intenções e interesses, somente por ser oficial? Evidentemente, em nosso país, é muito difícil aplicar essa lógica.

Nos dias atuais, a história se abriu a um repertório considerável de fontes. Poderíamos até dizer que tal repertório é imensurável, tendo em vista que os próprios pesquisadores podem julgar se determinado material de época pode ou não ser útil a um estudo ou a uma pesquisa. Norbert Elias (1994), um sociólogo de renome, escreveu na década de 1930 um livro intitulado *O processo civilizador: uma história dos costumes,* no qual, com habilidade, apresentou uma interessante tese usando manuais de etiqueta[16] como fontes históricas. Esse exemplo mostra que

---

[16] Manuais de etiqueta são livros bastante populares, tanto que, comumente, são encontrados em bancas de jornal. Essas obras, de conteúdo considerado frívolo e trivial, prestam-se a ensinar comportamentos considerados socialmente adequados – por exemplo, como comer fora de casa ou que roupas vestir para um tipo específico de festa.

a fonte histórica, por si só, não é importante, mas a forma como o pesquisador a utiliza.

Nesse bojo, há pesquisadores que já usaram revistas em quadrinhos, durante o período da Guerra Fria, como fontes para mostrar o ideal de vida norte-americano, ou então desenhos animados produzidos pouco antes e durante a Segunda Guerra Mundial, para mostrar os descalabros cometidos pelos países formadores do Eixo (Alemanha, Itália e Japão). Aqui no Brasil, é comum o uso de charges publicadas em jornais como meio de criticar a política vigente em determinada época, bem como de fontes mais exóticas, como obituários, para entender como a morte era concebida em determinado período (como no século XIX) e, ainda, de cardápios de restaurantes ou de presídios para estudar as mudanças na história da alimentação. Tais exemplos são apenas uma ínfima amostragem do quão amplas são as possibilidades de escolha de fontes para a implementação de um estudo histórico.

Pensando nessa amplitude, caso definíssemos como tema de estudo/pesquisa a história do curso de formação da Escola de Educação Física do Exército (EsEFEx) nas décadas de 1930 e 1940, por exemplo, teríamos de buscar elementos relativos a essa época e que, direta ou indiretamente, nos auxiliassem na elucidação do tema. Começaríamos, portanto, procurando na própria EsEFEx, visto que a instituição existe até hoje e é reconhecida pela sua organização. Nela, seria possível consultar documentos gerais (como atas, portarias e regimentos), documentos específicos da área (como planos de ensino, planos de aula e cronogramas anuais), fotos e até algum acervo material (como bandeiras, materiais esportivos e troféus). Em seguida, poderíamos buscar em acervos de periódicos – jornais e revistas – notícias sobre o desenvolvimento do referido curso. Também seria possível tentar localizar pessoas que passaram pela instituição (jovens professores, funcionários e alunos) naquele período, pois, mesmo que os prováveis poucos sobreviventes tenham atualmente em torno de 90 anos de idade, suas reminiscências, certamente, também seriam muito úteis ao projeto. Esse exemplo demonstra como, com um pouco de criatividade e dedicação, podemos obter informações de fontes variadas sobre determinado assunto.

Na prática, geralmente o pesquisador se especializa na busca, no uso e no trato de apenas uma ou duas tipologias de fontes. No entanto, um único tipo de fonte histórica, se bem manuseado, já é o suficiente para se fazer uma excelente pesquisa. Logo, existem especialistas em periódicos, obras literárias, documentos, pinturas, fotografias (fontes imagéticas), filmes, entrevistas (fontes orais), cultura material (objetos físicos), entre vários outros tipos. Seguindo essa lógica, foram fundadas, em âmbito tanto mundial quanto nacional, entidades acadêmicas para agregar os pesquisadores que revelam alguma predileção específica – como a Oral History Association e a Associação Brasileira de História Oral, responsáveis por reunir historiadores que recorrem, sobretudo, às entrevistas como fontes históricas.

Você já deve ter percebido que o conceito de *fonte histórica* é simples de ser entendido – salvo raríssimas exceções, só é possível efetuar uma pesquisa histórica sabendo-se que existem materiais datados referentes ao período delimitado. Contudo, essa objetividade toda não é de domínio geral. Muitas pessoas acreditam que o cotidiano de um historiador/pesquisador de história se traduz em ficar sentado dentro de um gabinete com vários livros sobre determinado assunto, que serão sua fonte para escrever sua própria versão dos fatos estudados. Entretanto, a realidade é um pouco mais complexa. Embora também seja necessário ler tudo o que for possível sobre o tema de pesquisa, esse tipo de revisão historiográfica – que alguns preferem chamar de *mapeamento do estado da arte* – é apenas uma das atividades do pesquisador. A mais importante mesmo é a busca de fontes históricas, e tal empreitada, geralmente, é mais dinâmica do que você imagina!

Como o historiador precisa de fontes para seus estudos e suas pesquisas, ele passa um tempo significativo procurando e sistematizando tais fontes – ora em arquivos (públicos, privados, pessoais ou empresariais), museus ou bibliotecas (alguns estabelecimentos concentram amplos repertórios de livros antigos e até coleções inteiras de jornais e revistas), ora em busca de pessoas que tenham vivenciado algo que mereça ser registrado (entrevista). Enfim, a pesquisa histórica não é, definitivamente, estanque. O historiador anda aqui, ali e acolá negociando o acesso às fontes, a fim de registrar os dados encontrados, interagir e discutir com os pares e participar de eventos científicos para apresentar seus resultados.

No entanto, ao pensarmos sobre essa dependência completa das fontes históricas para a realização de estudos ou pesquisas na área de história, concluímos que existe um agravante: não existe a história de um período sem que haja material relativo a esse mesmo período. Provavelmente você já deve ter ouvido a expressão *queima de arquivo*. Pois bem, trata-se de um jargão policial que geralmente se refere ao assassinato de algum cúmplice ou testemunha de determinado evento, evitando-se, assim, o rigor da lei. Porém, a origem do termo está relacionada à da própria história – alguém que, em determinada época, temia ser acusado de algo simplesmente mandava queimar documentos que o citassem. Isso, para um historiador, é irremediável, pois, quando as fontes são destruídas, não existe mais a possibilidade de se fazer a história – em síntese, lamentavelmente, é mais um episódio apagado. E isso acontece com frequência. Por vezes, a queima de arquivo não tem necessariamente a finalidade de esconder algo: ela ocorre pela simples falta de conhecimento de que os "papéis velhos" que estavam jogados em um baú no sótão de uma casa, por exemplo, ou mesmo no canto de um arquivo morto tinham uma importância ímpar.

1.3.1 Tipologia de fontes históricas

Como visto anteriormente, a maioria dos pesquisadores de história acaba se especializando no uso de apenas um ou dois tipos de fontes históricas. Isso faz muito sentido, pois cada tipo guarda certas especificidades e requer um estudo minucioso sobre seu trato. Mas como podemos classificar as fontes históricas?

Primeiramente, explicaremos o motivo de fazer esse tipo de divisão. A depender da temática, existem dezenas de possibilidades para a utilização de fontes que se referem a um mesmo tema. Por isso, caso o pesquisador não tenha certeza do que pretende usar ou descartar, é possível que ele se perca durante a pesquisa. Então, a ideia aqui é oferecer categorias que lhe permitam, metaforicamente, colocar as fontes em pastas, sem correr o risco de se confundir quando chegar o momento de utilizá-las.

Existem várias formas bem conhecidas para classificar as fontes históricas, tanto que há uma área específica chamada *arquivologia*, responsável por organizar, separar e até descartar documentos e outros objetos. A própria biblioteconomia, em alguns casos, ocupa-se da organização de acervos. Aqui no Brasil, não é raro encontrar profissionais dessas duas áreas trabalhando no mesmo local. Assim, uma possibilidade seria separar as fontes históricas seguindo os modelos propostos por essas áreas. Porém, existem vários outros modelos que podem ser seguidos. Por exemplo, você já deve ter visto em filmes o termo *documento ultrassecreto*. Esse é um modo de classificar documentos governamentais de acordo com a necessidade de preservação da informação – conforme estabelecido no Brasil pelo Decreto n. 4.553, de 27 de dezembro de 2002 (Brasil, 2002). Nesse sentido, observe a seguir o Quadro 1.1, que traz as categorias de classificação de documentos governamentais.

Quadro 1.1 Classificação de documentos governamentais

Título	Duração do sigilo	Excepcionalidade
Ultrassecreto	25 anos	Prorrogável
Secreto	15 anos	Nenhuma
Reservado	5 anos	Nenhuma
Ostensivo	Disponibilidade irrestrita	Nenhuma

Fonte: Elaborado com base em Brasil, 2002.

Outra forma de classificação (proposta pela arquivologia) pode ser observada no Quadro 1.2 – aqui adaptada às necessidades da disciplina de História.

Quadro 1.2 Gêneros de fontes históricas

Gênero	Exemplos
Textual	Documentos, correspondências, mensagens, diários etc.
Cartográfico	Mapas, plantas, cartas náuticas, roteiros etc.
Iconográfico	Material com imagens estáticas (pinturas, esculturas e fotografias de indivíduos ou paisagens notoriamente existentes).
Fílmico	Filmes, documentários e outros tipos de produções audiovisuais.
Sonoro	Programas de rádio, entrevistas e outros registros feitos somente em áudio.
Informático	Material encontrado em disquetes, CDs, *pen drives*, HDs, *memory cards* etc.
On-line	E-mails, fóruns de discussão, páginas da internet, *blogs*, redes sociais etc.
Artístico	Literatura, pinturas, esculturas, grafites etc.

Logicamente, a proposta apresentada no Quadro 1.2 é apenas uma possibilidade de como separar as fontes e, por isso, deve ser estruturada e adaptada de acordo com as necessidades do pesquisador – até porque, como você já deve ter percebido, várias fontes são híbridas, isto é, ficam entre uma classificação e outra.

Por exemplo, como diferenciar uma pintura que se enquadra no gênero iconográfico (retrato de algo ou alguém que já existiu) de outra considerada artística? Afinal, qualquer pessoa que minimamente entenda de arte sabe que os limites são tênues. O mesmo se aplica ao gênero informático, já que as tecnologias podem estar preservando documentos digitais e digitalizados que são de outros gêneros (textuais, cartográficos, iconográficos, sonoros etc.).

Além dessas formas de classificação, existem outras mais simples, formuladas no meio da própria história. A mais utilizada – como bem destaca Melo (1999) – é aquela que propõe uma divisão entre fontes primárias e secundárias. A princípio, essa classificação pode passar a impressão de que se trata de uma divisão hierárquica (as melhores e as piores fontes; as mais e as menos usadas), mas não é esse o caso. As fontes **primárias** são aquelas diretamente relacionadas ao assunto pesquisado, enquanto as **secundárias** dizem respeito a um assunto em comum. Observe os exemplos a seguir.

Exemplo 1: Um aluno, ao fazer uma pesquisa sobre a história da educação física em uma escola de sua cidade, não encontrou documentos específicos sobre o assunto, como planos de ensino e planejamento de aulas (fontes primárias), mas encontrou outros materiais (contratos de professores, quadros-horários, atas de reuniões de conselho de classe etc.) que não se referiam diretamente à educação física (fontes secundárias). Os documentos encontrados, em algum momento, podem ajudá-lo na construção da pesquisa.

Exemplo 2: Um pesquisador resolveu analisar a violência nas torcidas organizadas de futebol – assunto em voga atualmente. Pouquíssimas são as fontes primárias sobre o tema, mas o pesquisador poderá encontrar bastante material nos cadernos policiais de jornais, em boletins de ocorrência da polícia, enfim, em outros documentos que não têm como assunto principal as próprias torcidas organizadas.

Observação: Você só poderá enquadrar suas fontes em uma ou outra categoria quando já tiver definido o assunto que pretende estudar ou pesquisar, pois a classificação que contempla fontes primárias e secundárias é sempre uma questão de perspectiva.

Há, ainda, outras divisões para as fontes históricas. Uma delas propõe as categorias **documento** (qualquer material escrito), **imaterial** (fontes preservadas por meio de algum recurso tecnológico, como pinturas e fotografias) e **monumento** (objetos que foram preservados com o passar dos anos – de sítios arqueológicos a uma simples moeda). Outra proposta divide as fontes em **voluntárias** (criadas já com o objetivo de preservação – como documentos, diários e fotografias) e **involuntárias** (objetos que tinham outro fim quando foram criados – como bolas, roupas e armas). Outra classificação, um pouco mais simples, divide as fontes em **escritas** e **não escritas** (Melo, 1999).

Para compreender melhor essas possibilidades de classificação, observe o esquema proposto na Figura 1.1.

Figura 1.1 Modelo de classificação de fontes históricas

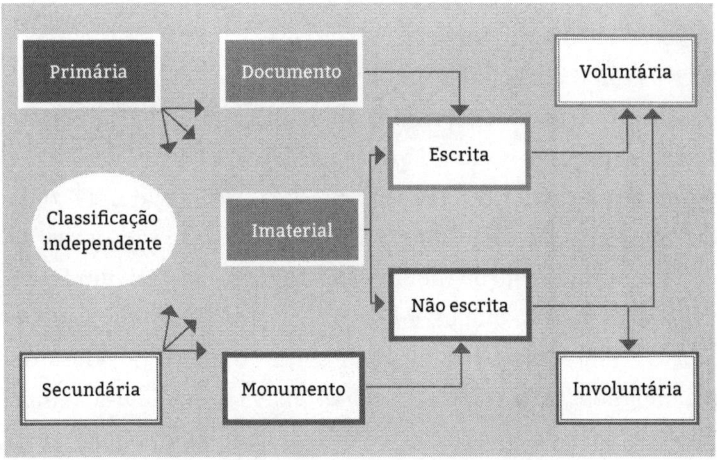

Fonte: Elaborado com base em Melo, 1999.

Como acentuamos anteriormente, são tantas as opções para classificar as fontes que, provavelmente, o mais sensato seja o pesquisador formular categorias individualizadas que atendam às próprias necessidades e que estejam devidamente ajustadas ao seu tema de estudo ou pesquisa.

> Uma curiosidade: nós, autores deste livro, trabalhamos com **fontes artísticas** – sobretudo literatura esportiva (André) – e **sonoras** – principalmente entrevistas com mulheres envolvidas com o futebol (Maria Thereza).

Agora que você já conhece algumas das possibilidades mais usadas de classificação de fontes históricas, podemos avançar para a etapa seguinte: listar os principais cuidados que é preciso ter ao manusear esse tipo de material de época.

1.3.2 Princípios gerais da análise de fontes históricas

Mesmo com tantas definições e explicações, existem coisas que aprendemos somente com a experiência prática do manuseio de fontes históricas. Assim, a proposta nesta seção é fornecer a você, de modo objetivo, algumas dicas em relação ao uso de fontes históricas como materiais de análise.

Lembre-se de que anteriormente frisamos que não se pode fazer história sem fontes. Pois bem, a primeira dica é a mais elementar: não desperdice seu tempo. Antes de começar um estudo ou uma pesquisa sobre determinado assunto, ou seja, antes de escrever um projeto ou montar um cronograma, faça um levantamento – mesmo que panorâmico e rápido – das fontes disponíveis. Essa é uma dica que deve ser levada em consideração principalmente no cenário nacional, visto que, por muito tempo, não se valorizou a preservação de documentos e objetos como patrimônio histórico brasileiro – muitas vezes, infelizmente, acervos pessoais e públicos ainda são tratados como lixo reciclável.

Mesmo depois de feita essa investigação inicial e comprovada a existência das fontes sobre o tema estabelecido, é preciso verificar o quão acessíveis são essas fontes. Existem arquivos particulares de jornais, por exemplo, cujos acervos são completos e bem organizados, mas que cobram por hora de pesquisa (e o valor não é módico). Há também casos em que o desejo é consultar recortes e anotações referentes a determinada pessoa, mas seus descendentes não o permitem. No caso do relato oral, não é raro encontrar uma pessoa que vivenciou certo fato ou época importante, mas que não está disposta a falar sobre o assunto em questão. Enfim, a existência das fontes é um grande passo, mas não é definitivo, já que é fundamental conseguir ter acesso a elas.

Logo após o acesso definitivo às fontes históricas, tente estimar o tempo a ser gasto com a consulta ao arquivo, a separação do material e, se forem fontes escritas, a leitura. Observe a seguir um caso hipotético, mas bem recorrente.

Você decide usar como fonte notícias de jornais sobre a inserção da disciplina de Educação Física em currículos escolares na primeira década do século XX (1901-1910). Inicialmente, você constata que a biblioteca pública da sua cidade tem uma seção de periódicos sobre o assunto – o que é muito positivo, visto que você confirma que existem as fontes e que elas são acessíveis. No entanto, você descobre que o acesso aos periódicos só é possível após o envio de um ofício e que a avaliação desse pedido demorará alguns dias.

Depois de o pedido ser autorizado, você passa uma manhã folheando os jornais e procurando notícias sobre educação física. Ao final do período, entretanto, você repara que conseguiu consultar os jornais referentes a apenas 20 dias. Isso quer dizer que, para analisar o período de dez anos, você precisará de alguns meses.

> Nesse caso, se seu tempo for curto – aproximadamente seis meses para fazer uma pesquisa de TCC (trabalho de conclusão de curso) –, será interessante delimitar um pouco mais o período pesquisado ou alterar a temática. Prudência é sempre recomendável; portanto, trabalhe com uma margem segura de tempo.

Até aqui, descrevemos algumas dificuldades quando se usam fontes de pesquisa. Agora, trataremos dos pontos facilitadores. Com os constantes e rápidos avanços tecnológicos, o próprio acesso às fontes, em alguns casos, passou por um processo de informatização. Contudo, não raro, alguns historiadores saudosistas afirmam que sentir o cheiro de "papel velho" é indispensável. Logicamente, para quem gosta da disciplina de História, frequentar um arquivo é um imenso prazer, porém é sempre aconselhável buscar também meios que facilitem a pesquisa – e a tecnologia existe exatamente para tornar a vida, de modo geral, menos complicada.

Várias bibliotecas, museus e arquivos de todo o mundo, tanto privados quanto públicos, passaram a disponibilizar os respectivos acervos em formato digital, o que facilita bastante a acessibilidade. Os principais museus do mundo até oferecem um *tour* virtual, no qual o usuário pode percorrer os corredores do estabelecimento e apreciar a mostra sem sair de casa.

Outro exemplo de grande utilidade aos pesquisadores de história é o da Hemeroteca Digital[17], mecanismo de busca eletrônico e *on-line* oferecido pela Biblioteca Nacional, por meio do qual é possível pesquisar conteúdos em jornais de todo o Brasil desde o século XIX. A Hemeroteca possibilita a realização de estudos que antes eram inviáveis em virtude da localização do acervo físico da Biblioteca Nacional (que se encontra no Rio de Janeiro). Além disso, ela também torna a pesquisa muito mais ágil, já que, em

---

[17] Disponível em <http://bndigital.bn.gov.br/hemeroteca-digital>.

vez de ter de folhear todo o jornal em busca do assunto de interesse, o pesquisador pode procurá-lo por meio do próprio sistema.

Outra possibilidade, ainda, é encontrar acervos digitalizados pelas próprias empresas, principalmente no caso de jornais e revistas – porém, reforçamos a ideia de que é necessário conferir as condições de acesso, pois várias das editoras que controlam as publicações desses periódicos cobram bem caro pela consulta.

Em última instância, e já pensando em um estágio mais avançado do estudo/pesquisa, sugerimos que você evite o erro mais comum e crucial: o **anacronismo** (também denominado de *pensamento atemporal*). Em síntese, o anacronismo consiste em emitir um juízo sobre determinado fato do passado com base nos valores do presente. Por exemplo, uma pessoa de 50 anos, até o início do século XX, já era considerada idosa, tendo em vista que a expectativa de vida não ultrapassava muito essa idade. Atualmente, com os avanços da medicina e o melhoramento na qualidade de vida, muitos países têm expectativa de vida superior a 80 anos de idade. O anacronismo, nesse caso, seria considerar que as pessoas no início do século morriam na meia-idade. Observe a seguir dois exemplos da área de educação física.

Pelé, durante a Copa de 1970, tinha 29 anos e era considerado, na época, um veteraníssimo (parte da imprensa entendia que ele sequer deveria ser convocado, por conta da idade elevada). Hoje em dia, porém, não é difícil identificar atletas de futebol que continuam praticando o esporte em alto rendimento aos 40 anos de idade. O anacronismo ocorreria se, ao descobrir a idade de Pelé em 1970, alguém afirmasse que ele estava no apogeu da carreira.

Já entre o final do período monárquico e o início do período republicano, as pessoas acreditavam que atividades físicas poderiam fazer mal à saúde e que acabariam desviando as crianças dos estudos. Na atualidade, já foi mais do que confirmado que atividades físicas moderadas (como as das aulas de Educação Física) trazem imensos benefícios às crianças, colaborando até com o desenvolvimento pleno delas (que inclui as tarefas intelectivas). Nesse sentido, nós cairíamos no anacronismo caso levássemos em conta, sob a perspectiva de nossa época, as opiniões contrárias à atividade física emitidas pelos críticos que viveram há mais de cem anos – tais críticos, apesar da opinião ignorante (de acordo com o pensamento atual), estavam reforçando uma ideia bastante corrente daquele período.

A seguir, observe uma síntese dos princípios gerais a serem considerados na condução de uma pesquisa com fontes históricas.

Caminho para uma análise de fontes históricas

- ✓ Faça um levantamento – mesmo que panorâmico e rápido – das fontes disponíveis.
- ✓ Verifique o quão acessíveis essas fontes são.
- ✓ Tente estimar o tempo que vai gastar.
- ✓ O acesso às fontes passou por um processo de informatização: não deixe de usá-lo!
- ✓ Evite o erro mais comum e crucial na pesquisa histórica: o anacronismo.

sumkinn/Shutterstock

Agora que você já conhece a importância da disciplina de História nos cursos de Educação Física e já tem noções gerais do trabalho com fontes históricas, vejamos, por fim, quais são os locais mais indicados para encontrar essas fontes.

1.3.3 Principais fontes históricas para a pesquisa em educação física

Como mencionamos anteriormente, ao buscar fontes sobre determinado assunto, o pesquisador pode ser o mais criativo possível. Foi assim que um grupo de alunos comprovou a existência de aulas de Educação Física em alguns colégios católicos brasileiros já nas últimas décadas do século XIX (Melo, 1999) e que alguns pesquisadores descobriram que o futebol já era praticado no Brasil antes de Charles Miller, o suposto inventor do esporte, retornar da Europa, em 1894 (Santos Neto, 2002). Contudo, certamente existem alguns tipos de fontes que são mais usados em pesquisas focadas na história da própria educação física (escolar) ou dos esportes[18].

Primeiramente, é válido ressaltar que existem vários grupos de pesquisadores que se organizaram para fundar centros de memória – instituições responsáveis pela preservação de documentos, entrevistas, objetos, entre outras fontes, relativos a um assunto específico. No Brasil, alguns dos centros de memória mais conhecidos nas áreas de educação física e esporte são o Centro de Memória da Educação Física, Esporte e Lazer da Universidade Federal de Minas Gerais (UFMG), o Centro de Memória do Esporte da Universidade Federal do Rio Grande do Sul (UFRGS), o Centro de Memória do Departamento de Educação Física da Universidade Federal do Paraná (UFPR) e o Centro de Memória Inezil Penna Marinho da Universidade Federal do Rio de Janeiro (UFRJ).

---

[18] Há ainda grupos que pesquisam a história do lazer e do corpo – mais especificamente valores como estética e moral –, algo extremamente presente nas práticas físicas em geral. Temos como exemplos o grupo liderado pelo professor Marcelo Moraes e Silva, na Universidade Federal do Paraná (UFPR), e o grupo da professora Carmen Lúcia Soares, na Universidade de Campinas (Unicamp).

Algumas escolas tradicionais têm seus próprios centros de memória, acervos e até museus. Existem muitos pesquisadores da área de educação física que encontram documentos e livros antigos raríssimos nesses acervos escolares. Muitas vezes, os próprios professores mais veteranos guardam fontes variadas, como planos de aula, diários de classe e fotografias de turmas. Outra possibilidade, ainda, é entrevistar esses professores que vivenciaram o desenvolvimento da disciplina, ou seja, fazer a história oral. O mesmo pode ser feito com a história do esporte, pois são vários os participantes envolvidos de alguma forma com esse fenômeno e que poderiam colaborar ao verbalizar suas lembranças.

As fontes relacionadas ao esporte podem ser encontradas em museus temáticos, como o Museu do Futebol, localizado dentro do Estádio do Pacaembu, e o Museu Pelé, em Santos. Fora do país, sobretudo no continente europeu, existem museus tanto públicos quanto privados de excelente qualidade. Alguns clubes valorizam muito as próprias tradições. Por exemplo, o Futbol Club Barcelona tem um museu com um acervo interessantíssimo e um espaço incrível (não só para a modalidade futebol) nas próprias dependências do estádio catalão Camp Nou.

Além disso, museus maiores, com acervos de obras de arte importantes, também podem servir aos estudiosos da história do corpo, sobretudo àqueles interessados na questão da estética. Por exemplo, no Museu do Louvre, em Paris, encontram-se obras essenciais ao entendimento da concepção de beleza na Grécia Antiga, como a *Vênus de Milo*, de Alexandre de Antioquia, e a *Vitória de Samotrácia*. Na Galleria degli Uffizi, em Florença, está a obra *O nascimento da Vênus*, de Sandro Botticelli, considerada pelos estetas a mais bela figura feminina já pintada. Em Veneza, na Gallerie dell'Accademia, situa-se uma das imagens que mais representam a educação física: o *Homem vitruviano* (modelo anatômico) de Leonardo da Vinci.

No entanto, as fontes históricas mais utilizadas ainda são os periódicos. Acervos de jornais e revistas, entre outros materiais, são bastante manuseados pelos pesquisadores da história contemporânea, bem como por estudiosos da educação física, do corpo, do esporte e do lazer.

Síntese

Neste capítulo, apresentamos as bases teóricas e alguns princípios analíticos da história, a fim de levá-lo a compreender o que representa a disciplina de História e qual é a necessidade dela nos currículos de graduação em Educação Física. Também abordamos o que são fontes históricas, como são classificadas e quais são os passos iniciais para manuseá-las.

Visto que a história da educação física é, acima de tudo, pesquisa, seria impossível iniciar nosso estudo acerca de temáticas específicas sem que antes fosse exposto como tais princípios teóricos norteiam as construções metodológicas na área.

Indicações culturais

Livros

ALEKSIÉVITCH, S. A. **A guerra não tem rosto de mulher.** Tradução de Cecília Rosas. São Paulo: Companhia das Letras, 2016.

ALEKSIÉVITCH, S.A. **Vozes de Tchernóbil:** a história oral do desastre nuclear. Tradução de Sônia Branco. São Paulo: Companhia das Letras, 2016.

Todos os livros da escritora e jornalista Svetlana Aleksiévitch são altamente recomendáveis para quem gosta de história e/ou pretende trabalhar com o método da história oral (entrevistas). É fato que os assuntos de suas principais obras – *A guerra não tem rosto de mulher* e *Vozes de Tchernóbil: a história oral do desastre nuclear* – não têm relação alguma com a educação física, o esporte ou o lazer, mas isso não impede que sejam excelentes exemplos de como se deve fazer história. Resumindo, Aleksiévitch mostra em seus textos que as lembranças daqueles que participaram de episódios marcantes da história são fontes riquíssimas de pesquisa.

Filmes

ARQUITETURA da destruição. Direção: Peter Cohen. Suécia, 1989. 123 min.

Trata-se de um documentário aclamadíssimo sobre os horrores da Segunda Guerra Mundial. Mesmo que não haja referência direta à educação física e a áreas afins, a ideia de estética corporal e o uso político são abordados na produção, além de que ela merece ser assistida, pois, do início ao fim, apresenta fontes históricas variadas para compor o enredo. A tese de Cohen é que a mediocridade de Hitler nas artes (área de interesse dele na juventude) teve impacto profundo em sua personalidade, já marcada por traços de tirania e pelo gosto pela crueldade.

NARRADORES de Javé. Direção: Eliane Caffé. Brasil: Bananeira Filmes, 2003. 100 min.

Essa comédia nacional apresenta um enredo relacionado ao modo de se fazer história. Uma das poucas pessoas letradas de uma pequena cidade do interior do Nordeste deve escrever a história do local, que estava sob o risco de ser inundado e cujos moradores poderiam ser removidos. Escrever a história da cidade se torna a alternativa para a sua preservação. No entanto, o personagem responsável por escrever o livro de história, um carteiro, depara-se com um problema: as fontes eram orais, compostas por lembranças dos próprios moradores – ou seja, não havia apenas uma história.

■ *Atividades de autoavaliação*

1. Tendo em vista o conceito de *história*, assinale a única alternativa **incorreta**:

    a) Existe um debate intenso entre os historiadores sobre o fato de a história ser ou não uma ciência.

b) Todo conceito é uma construção sócio-histórica; logo, nem mesmo a definição da própria história escapa a essa sujeição ao tempo.

c) O conceito de *história* é imutável, isto é, entendemos o que é história do mesmo modo que os antigos gregos e romanos.

d) Uma das definições mais consideradas na atualidade – porém, também polêmica – é a de Marc Bloch, que entende a história como "ciência do homem no tempo".

e) Todas as interpretações do que é a história devem ser levadas em conta e respeitadas, mesmo que não concordemos com elas.

2. Atualmente, para produzir pesquisa histórica no meio acadêmico, é necessário considerar alguns itens que são protocolares da ciência. Nesse sentido, assinale a alternativa que comporta os principais itens:

   a) Narrativa, descrição, isenção e compromisso ético.
   b) Busca de obras literárias sobre o assunto a ser estudado, leitura dessas obras, escrita do texto e divulgação do manuscrito.
   c) Levantamento de fontes históricas e apresentação em algum lugar acessível ao público.
   d) Problema, objetivos, justificativa, metodologia, desenvolvimento (manuseio de fontes históricas) e conclusão.
   e) Reflexão, teorização, conceituação e, sobretudo, publicação.

3. Leia o trecho a seguir:

   > Fonte histórica, documento, registro, vestígio são todos termos correlatos para definir tudo aquilo produzido pela humanidade no tempo e no espaço; a herança material e imaterial deixada pelos antepassados que serve de base para a construção do conhecimento histórico. O termo mais clássico para conceituar a fonte histórica é documento. Palavra, no entanto, que, devido às concepções da escola metódica, ou positivista, está atrelada a uma gama de ideias preconcebidas, significando não apenas o registro escrito, mas principalmente o registro

> oficial. Vestígio é a palavra atualmente preferida pelos historiadores que defendem que a fonte histórica é mais do que o documento oficial: que os mitos, a fala, o cinema, a literatura, tudo isso, como produtos humanos, torna-se fonte para o conhecimento da história. (Silva; Silva, 2010, p. 158)

Com base nessa definição, como o conceito de *fontes históricas* pode ser entendido na atualidade?

a) Como textos que devem ser lidos para a compreensão de um período ou um fato histórico.
b) Qualquer material de uma época previamente delimitada no projeto de pesquisa ou na proposta de estudo e que sirva para elucidar a história.
c) Livros, preferencialmente recentes, que tratem do tema histórico que se pretende estudar ou pesquisar.
d) Locais associados de algum modo à história, como museus, centros de memória e arquivos.
e) Matrizes teóricas que explicam os padrões sociais presentes na história.

4. Entre as fontes históricas mais utilizadas pelos profissionais de educação física, **não** constam:
   a) jornais, revistas, filmes e obras literárias (todos relativos à época pesquisada).
   b) registros orais (entrevistas), diários pessoais e acervos fotográficos.
   c) planos de aula, cronograma anual, diários de classe e atas de colegiado.
   d) cartas epistolares, arte rupestre, inquéritos policiais e receituários.
   e) documentos municipais, estaduais e federais de órgãos responsáveis por gerir o sistema educacional.

5. Que procedimentos técnicos são recomendáveis ao se analisarem fontes históricas?
   a) Fazer um levantamento prévio das fontes disponíveis.
   b) Verificar se as fontes existentes são acessíveis.
   c) Estimar o tempo a ser gasto para classificá-las e analisá-las.
   d) Evitar as interpretações anacrônicas.
   e) Todas as alternativas estão corretas.

Atividades de aprendizagem

Questões para reflexão

1. Discorra sobre a mutabilidade do conceito de *história*.
2. Por que a maioria dos currículos em Educação Física tem uma disciplina de História?
3. Pense em um tema relacionado à história da educação física, do esporte ou do lazer. Depois, sugira que tipos de fontes históricas você poderia usar em seu estudo/pesquisa e em quais locais poderia encontrá-las.

Atividade aplicada: prática

1. Visite um arquivo público que contenha documentos disponíveis para pesquisa e entreviste o historiador responsável pelo acervo, no intuito de identificar as dificuldades, particularidades e exigências desse trabalho, que visa manter viva a memória de determinados locais e acontecimentos. Caso não haja a possibilidade de visitar esse tipo de instituição, a mesma tarefa pode ser feita com a consulta a um professor de História.

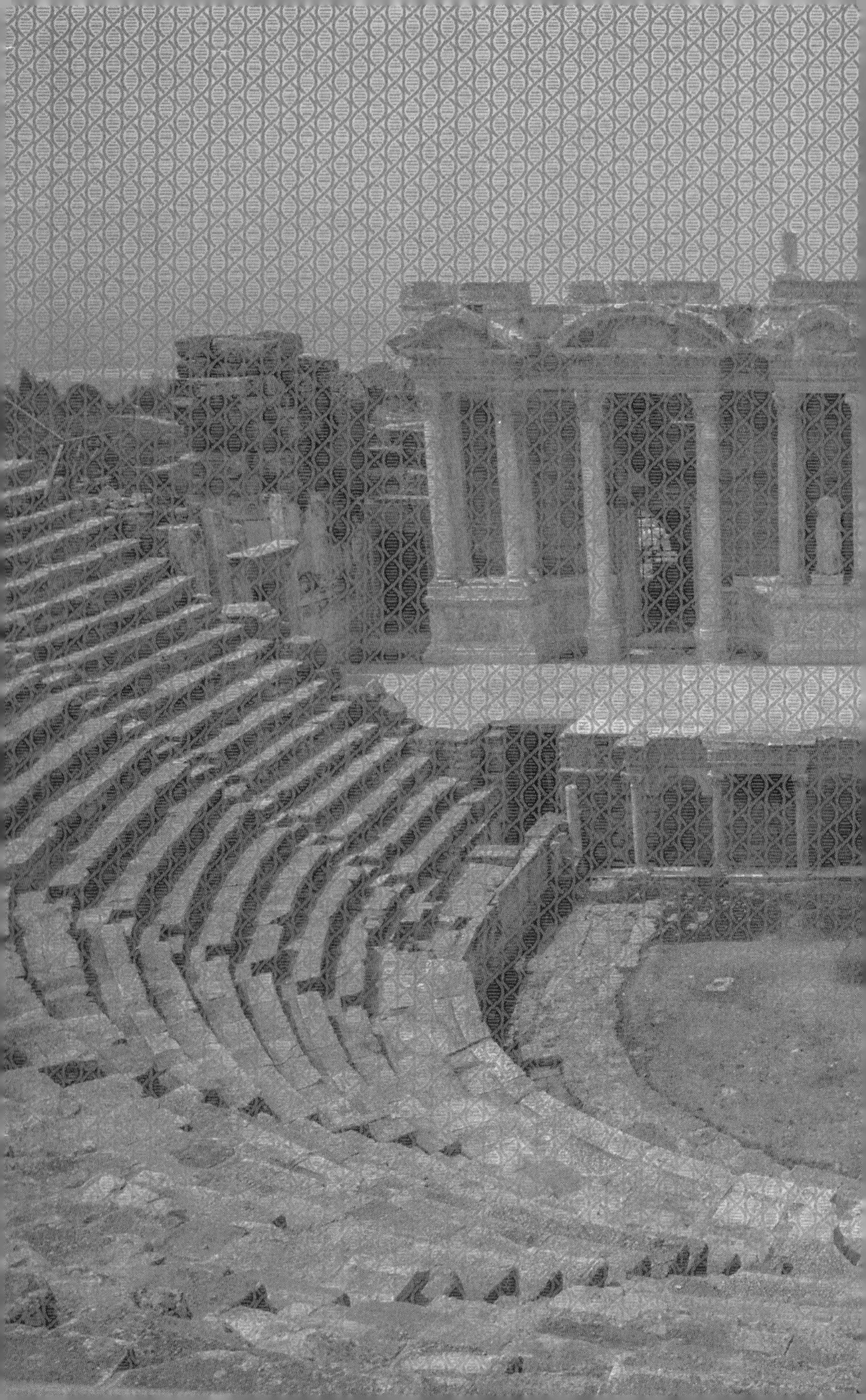

Capítulo 2

As práticas físicas na civilização ocidental

Mesmo sabendo que a educação física surgiu em definitivo como conteúdo escolar apenas no início do século XIX na Europa, é necessário descrevermos – ainda que rapidamente – quais foram os significados sociais das práticas físicas em civilizações antigas, mais especificamente naquelas que mais influenciaram a atual sociedade ocidental: as civilizações grega e romana.

Tendo isso em vista, neste capítulo abordaremos como se caracterizam as práticas físicas e corporais na Antiguidade Clássica e durante a Idade Média – período de forte controle social por parte da Igreja Católica. Por fim, apresentaremos as mudanças na concepção de corpo que ocorreram durante o Renascimento, a partir de meados do século XIV.

Não se trata de reforçar tradições inventadas[1], associando a educação física e os esportes da atualidade a práticas culturais e competitivas antiquíssimas, mas de apresentar argumentos para corroborar que o treinamento físico com fins militares, religiosos e estéticos e a competitividade em geral são conceitos difusos, porém predominantes no pensamento ocidental (Mannheim, 1976).

2.1 A ludicidade na vida dos primeiros hominídeos

Você deve ter ficado intrigado com o título desta seção, o qual sugere que espécies próximas geneticamente ao *Homo sapiens sapiens*, como o *Australopithecus*, o *Homo habilis*, o *Homo ergaster*, o *Homo erectus* e o *Homo sapiens neanderthalensis*, já brincavam. No entanto, não se trata exatamente da brincadeira como a conhecemos hoje, mas de práticas com um grau de ludicidade.

O filósofo holandês **Johan Huizinga** (1872-1945), em seu clássico *Homo ludens* (2014), apresenta uma teoria interessantíssima: de modo genérico, o lúdico é inerente não só ao *Homo sapiens*,

---

[1] "Por 'tradição inventada' entende-se um conjunto de práticas, normalmente reguladas por regras tácitas ou abertamente aceitas; tais práticas, de natureza ritual ou simbólica, visam inculcar certos valores e normas de comportamento através de repetição, o que implica, automaticamente, uma continuidade em relação ao passado" (Hobsbawm, 2014b, p.8). Nesse caso, a repetição ocorre por meio da narrativa da mesma história por muito tempo, que acaba consolidando-a como verdade.

mas a várias outras espécies animais geneticamente evoluídas (sobretudo os mamíferos). A polêmica obra sugere que as atividades lúdicas praticadas por filhotes ou jovens animais, como os das famílias *Felidae* (felinos) ou *Canidae* (canídeos), são hereditárias e servem para desenvolver comportamentos que serão necessários durante a fase adulta. Por exemplo, quando dois filhotes de tigre simulam uma luta, não se trata de um comportamento condicionado, mas instintivo, com a finalidade de prepará-los para serem predadores efetivos no futuro.

> *O jogo é fato mais antigo que a cultura, pois esta, mesmo em suas definições menos rigorosas, pressupõe sempre a sociedade humana; mas, os animais não esperaram que os homens os iniciassem na atividade lúdica. É-nos possível afirmar com segurança que a civilização humana não acrescentou característica essencial alguma à ideia geral de jogo. Os animais brincam tal como os homens. Bastará que observemos os cachorrinhos para constatar que, em suas alegres evoluções, encontram-se presentes todos os elementos essenciais do jogo humano. Convidam-se uns aos outros para brincar mediante um certo ritual de atitudes e gestos. Respeitam a regra que os proíbe morderem, ou pelo menos com violência, a orelha do próximo. Fingem ficar zangados e, o que é mais importante, eles, em tudo isto, experimentam evidentemente imenso prazer e divertimento. Essas brincadeiras dos cachorrinhos constituem apenas uma das formas mais simples de jogo entre os animais.*
> (Huizinga, 2014, p. 5)

Não é estranho, então, que os diversos hominídeos também fizessem esse tipo de prática física hereditária. Aliás, essas espécies, tão próximas a nós, ainda faziam parte da cadeia alimentar de várias outras, isto é, também eram potencialmente presas. O australopiteco, por exemplo, que viveu entre 1,5 e 4 milhões de anos atrás, já era bípede, o que indica que ele não era veloz nem forte, se comparado a outras espécies que viveram naquela época, como o *Dinofelis* – um felino de grande porte que, provavelmente, era seu predador. Assim, para caçar e se defender, o australopiteco contava somente com sua inteligência, que o levou a manusear objetos, geralmente pedaços de ossos e pedras. Embora não exista nenhum indício que comprove isso, é bem provável que os filhotes dos hominídeos mantivessem essas práticas lúdicas visando condicionar o comportamento para futuras fugas de ataques de predadores maiores, ao mesmo tempo que, por meio da observação e do uso por ensaio e erro, aprendiam a manusear objetos para a defesa e o ataque.

Em síntese, a tese defendida por Huizinga (2014) é a de que o homem, antes mesmo do desenvolvimento pleno de sua inteligência, já apresentava comportamentos motores que poderíamos considerar lúdicos. De acordo com o esclarecimento do próprio autor, "Se os animais são capazes de brincar, é porque são alguma coisa mais do que simples seres mecânicos. Se brincamos e jogamos, e temos consciência disso, é porque somos mais do que simples seres racionais, pois o jogo é irracional" (Huizinga, 2014, p. 7).

Agora você deve ter entendido a ironia do título escolhido pelo autor – *Homo ludens*: antes mesmo de sermos o homem sapiente/sábio (*Homo sapiens*), já éramos o homem lúdico (*Homo ludens*), aquele que brinca. Conforme Huizinga, a ludicidade antecede a própria cultura, visto que o homem só atinge definitivamente o topo da cadeia alimentar quando aprende a controlar o fogo e a criar instrumentos rudimentares, como a lança, o escudo e o arco e flecha, para evitar o ataque de animais de maior porte.

Retomaremos a teoria de Huizinga no Capítulo 4, quando definiremos *jogo* e *esporte*, já que na obra *Homo ludens* esses dois fenômenos (principalmente o jogo) são esclarecidos e exemplificados.

2.2 As atividades físicas na Antiguidade Clássica

Antes de explorarmos o tema desta seção, cabem algumas justificativas. Em primeiro lugar, escolhemos as civilizações grega e romana porque foram elas que exerceram maior impacto cultural nas atuais sociedades ocidentais. Isso não significa que reproduzimos um ideal de vida precisamente igual ao dos indivíduos que integravam esses povos. Ao contrário, ao longo dos séculos, o homem ocidental reconfigurou seus valores. Diante disso, podemos considerar que poucos aspectos culturais permaneceram intocados ou com poucas alterações. No fim, muito do que pensamos ter origem precisa nessas civilizações e que existe até hoje, como os Jogos Olímpicos[2], não passa de um enredo construído recentemente (Lima; Martins; Capraro, 2009) e também de um uso do passado adequado às nossas necessidades no presente (Varella et al., 2012).

Também alertamos que, tendo em vista que tais civilizações, do surgimento ao declínio, duraram mais de um milênio, seremos bastante sintéticos. Para você ter uma ideia, existem pesquisadores especialistas em uma única civilização ou em um único período ou prática cultural da Antiguidade Clássica. Há historiadores e arqueólogos que estudam, por exemplo, somente os combates gladiatórios, práticas competitivas contundentes apreciadas em boa parte do período imperial romano.

Nossa estratégia foi manter o foco no desenvolvimento das práticas físicas, como a ginástica, as competições, o treinamento militar e as atividades de lazer. Em outras palavras, mesmo com

---

[2] A respeito da origem dos Jogos Olímpicos da Antiguidade, desenvolveremos detalhadamente o assunto no Capítulo 5.

a preocupação em contextualizar as respectivas civilizações, com o intento de não sermos reducionistas, o foco central de nossa análise será o treinamento físico, as práticas competitivas e as de lazer/higiene.

2.2.1 Grécia

Quando falamos em Grécia, geralmente nos vem à mente a ideia de berço da civilização – já que nela surgiram a ciência-matriz, a filosofia, e diversos conceitos valiosos, como democracia, Estado, ética, moral e sabedoria. Já quando pensamos na Grécia atual, geralmente vislumbramos um local muito belo, cujo turismo é a principal fonte de renda, ao lado da produção de grãos de oliva (o azeite é um dos mais conhecidos do mundo).

O local, ao menos de origem, continua sendo o mesmo, porém não podemos conceber a antiga civilização com base no atual país. Existem diferenças básicas entre a Grécia de outrora e a de hoje. Atualmente, as fronteiras que separam os países são bem definidas; já na Antiguidade Clássica, elas oscilavam constantemente – ora reduzidas, quando atacadas, ora ampliadas, em períodos de conquistas.

Além disso, a região era formada por várias **pólis**[3], ou seja, microcosmos com seus próprios poderes, regimes políticos e leis. Nem mesmo o idioma era exatamente igual, uma vez que existiam diversos dialetos derivados das linguagens dos povos fundadores. Variando de acordo com a região, as pólis foram fundadas pelos seguintes povos: cretenses (Creta), aqueus (Micenas), dórios (Esparta), jônios (Atenas) e eólios (Macedônia).

---

[3] Cidades-estado.

||| *Preste atenção!*

Atenas formulou os primeiros princípios da democracia[4]. Tratava-se de uma pólis que valorizava a filosofia como meio de aprendizagem e formava seu exército essencialmente com voluntários, pois cabia ao próprio cidadão o comprometimento com a segurança da pólis. As práticas físicas eram estimuladas, tanto que, mesmo em uma relação dicotômica que segmentava mente e corpo, alguns filósofos pregavam os exercícios e os cuidados corporais com a higiene como parte de uma educação que também colaborava com o desenvolvimento intelectivo. Platão, por exemplo, chegou a lutar em jogos competitivos, como os Jogos Ístmicos.

Já Esparta era altamente militarizada. O modelo político era uma diarquia, ou seja, havia dois reis: um com papel militar mais acentuado – sendo Leônidas[5] (Figura 2.1) o mais famoso – e outro mais voltado à religião, embora não fosse estranho que ambos tivessem tarefas variadas. As crianças do sexo masculino eram entregues ao Estado com aproximadamente 6 anos (naquela época, ninguém sabia exatamente a própria idade) e permaneciam em treinamento sem poder participar dos conselhos até os 30 anos. Após essa idade, passavam a ter direito à palavra em locais públicos e ao casamento. Uma criança espartana, portanto, seria um militar até o fim da vida, tanto que o direito de dormir na própria casa era garantido somente depois de o militar completar 60 anos de idade (o equivalente a 100 anos nos dias de hoje) – porém, logo cedo, antes de o sol nascer, ele já deveria retornar ao quartel. As mulheres espartanas, ao contrário das atenienses,

---

[4] Afirma-se isso embora o conceito de *democracia* não fosse em nada parecido com os princípios democráticos atuais, já que a cultura ateniense era patriarcal (os homens adultos eram os detentores do poder, e as mulheres e a prole jovem não tinham direito algum) e a sociedade era estratificada em escravos, metecos (homens livres, mas sem direitos civis – geralmente estrangeiros) e cidadãos (uma pequena parcela que realmente tinha voz em espaços públicos). Em síntese, não era uma democracia plena.

[5] Protagonizado no cinema por Gerard Butler, na famosa produção *300*.

tinham mais liberdade, podendo até mesmo participar de alguns eventos políticos/sociais e também fazer treinos físicos. Observe que estamos usando como exemplo somente os costumes e hábitos de duas pólis – e existiam dezenas delas!

Figura 2.1 Estátua do Rei Leônidas

FALIREAS, V. [Sem título]. [S.d.]. Escultura.

Panos Karas/Shutterstock

Com leis e costumes bastante diversos, frequentemente as pólis subjugavam umas às outras. É o caso das duas mencionadas anteriormente. Esparta e Atenas, por via de regra, eram pouco simpáticas entre si, pois disputaram o posto de maior potência grega por vários séculos. Entre as várias querelas, destaca-se a Guerra do Peloponeso, que durou mais de 20 anos. Esparta venceu, mas ambas as cidades-estado ficaram tão debilitadas que uma terceira, Tebas, conquistou as duas. No entanto, Tebas exerceu seu domínio por um tempo curto, pois foi subjugada pelo Rei Felipe II da Macedônia (o pai de Alexandre, o Grande). Assim, o território grego acabou ficando sob o domínio dos macedônios, região cuja principal pólis era Pela.

Na sequência, veio o período de maior expansão, quando Alexandre sucedeu o pai, Felipe II, aos 20 anos de idade. *Impetuoso, intrépido, corajoso* e *imprudente* são apenas alguns dos epítetos dessa personalidade histórica, considerada uma das mais influentes da Antiguidade. Alexandre teve aulas até com o célebre filósofo Aristóteles! Até completar 30 anos (morreu aos 32), em sua intensa e aventureira vida, Alexandre avançou em direção ao leste, conquistando boa parte da Europa Oriental, do Oriente Próximo e do Oriente Médio, chegando até a Índia sem derrotas (Droysen, 2010), conforme pode ser observado na Figura 2.2.

Figura 2.2 O apogeu do império de Alexandre, o Grande (334-323 a.C.)

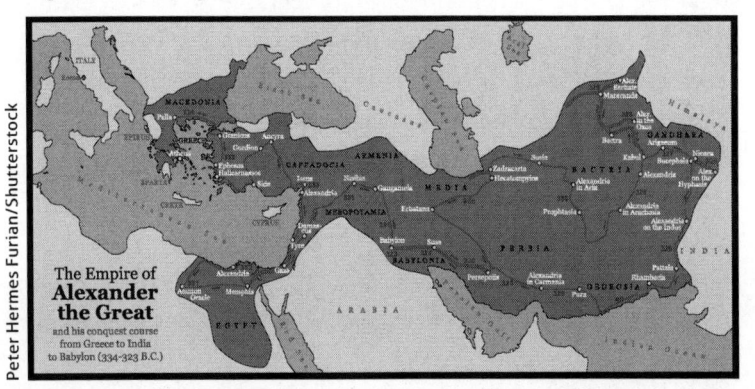

O mais próximo que existia de uma união nacional ocorria quando as pólis eram ameaçadas, atacadas ou colocadas em risco por algum inimigo externo poderoso – como os persas. Nesses casos, estabeleciam-se acordos de paz e alianças militares.

Nesse contexto, o conflito mais conhecido foram as Guerras Médicas (também chamadas de *Guerras Greco-Persas*). Essa guerra, iniciada no século V a.C., teve duração de 50 anos.

Sob a liderança de Atenas e, em um segundo momento, de Esparta, os gregos combateram os persas, liderados pelo Rei Dario I e, após sua morte, pelo seu filho, Xerxes I.

Se você assistiu aos filmes *300* e *300: a ascensão do império*, deve ter notado que os enredos contemplam parte das Guerras Médicas. Alguns personagens realmente existiram, como os reis Xerxes I e Leônidas, mas os roteiros dos filmes têm pouco em comum com aquilo que as fontes históricas comprovam.

Preste atenção!

Uma das provas do atletismo mais tradicionais hoje em dia tem certa ligação – ao menos no nome – com as Guerras Médicas: a maratona. Isso porque quando o **Barão Pierre de Coubertin** (1863-1937) conseguiu implementar os primeiros Jogos Olímpicos modernos, em Atenas, no ano de 1896, Michel Bréal, seu amigo, sugeriu que a prova com maior distância tivesse 42 km, exatamente a mesma distância que um soldado chamado Fidípides percorreu na planície de Atenas para anunciar a vitória ateniense sobre os persas em Maratona. De acordo com a lenda, Fidípides morreu de exaustão depois de cumprir sua tarefa. Na obra *História*, de Heródoto, ainda é mencionado que o soldado, por ser exímio corredor, também fora incumbido de percorrer os mais de 200 km até Esparta, para pedir aos espartanos que se aliassem aos atenienses no combate aos invasores. Nas próprias palavras do renomado escritor/narrador:

> CV – Antes de deixarem a cidade, os generais atenienses enviaram a Esparta, na qualidade de delegado, Fidípides [...]. A acreditar-se no depoimento do próprio Fidípides ao regressar da sua missão, Pã apareceu-lhe perto do monte Partênio, pouco acima da Tégea, chamando-o em altas vozes pelo nome e ordenando-lhe que perguntasse aos atenienses por que não lhe rendiam nenhum culto, a ele que sempre os tratara com benevolência, sendo-lhes útil em várias ocasiões, como ia sê-lo mais tarde. Os Atenienses deram fé às declarações de Fidípides, e quando a

situação financeira lhes permitiu, ergueram uma capela a Pã, pouco abaixo da cidadela.

Desde aí, passaram a prestar culto a esse deus, oferecendo-lhe sacrifícios anuais e realizando em sua honra a corrida de fachos.

CVI – Chegando a Esparta no dia seguinte ao de sua partida de Atenas, Fidípides, desincumbindo-se da missão que lhe confiaram os generais, apresentou-se diante dos magistrados, dizendo-lhes: "Lacedemônios, os Atenienses solicitam o vosso auxílio, impedindo, assim, que a mais antiga cidade da Grécia caia sob o domínio dos bárbaros [...]'. (Heródoto, 2006)

Logicamente, essa informação é bem questionável. Correr quase 500 Km em poucos dias é um feito que, mesmo com todos os avanços da ciência do treinamento e as possibilidades tecnológicas atuais, seria praticamente impossível. Imagine, então, na Antiguidade, considerando-se que Fidípides correu descalço e parou no meio do caminho para interagir com Pã – deus grego dos bosques, das matas, de pastos e pastores, representado por uma figura com o tronco humano, mas com os membros inferiores e os chifres de um caprino.

Voltando à atual prova da maratona, aquela que surgiu em Atenas, novamente podemos crer que a tentativa de vincular tal evento esportivo a atividades praticadas na Antiguidade também se revelou uma **tradição inventada** – lembra-se da explicação desse conceito no capítulo anterior? – pois, mesmo se referindo àquele período, essa prova foi criada especificamente para as Olimpíadas de 1896.

É por isso que toda fonte histórica precisa ser interrogada, questionada, enquadrada e até comparada, porque, caso contrário, corre-se o risco de simplesmente reforçar uma versão linear e questionável dos fatos abordados.

Os jogos competitivos da Grécia Antiga eram uma das poucas práticas em comum entre todas as pólis. Para ilustrarmos melhor a diferença entre os jogos atuais e os modernos, descreveremos a seguir algumas provas significativamente mais violentas que seus correspondentes no esporte contemporâneo.

Primeiramente, quando falamos em jogos na Grécia, já nos lembramos dos Jogos Olímpicos. Realmente, esse evento era o mais conhecido e importante da época, pois homenageava o deus mais poderoso do panteão grego: Zeus. O evento era realizado em uma cidade muito pequena, chamada Olímpia, concebida praticamente como um santuário – afinal, como as pólis tinham várias querelas e frequentemente guerreavam entre si, era preciso escolher um local considerado relativamente neutro. Alguns dos outros eventos realizados nas pólis eram os seguintes: Jogos Nemeus (Nemeia); Jogos Ístmicos (Corinto); Jogos Apolíneos (Delfos); Jogos Panatenaicos (Atenas); e Jogos Heraicos (também em Olímpia – dedicados exclusivamente às mulheres).

A segunda questão a ser ponderada é que esses jogos da Antiguidade realmente não podem ser entendidos como os primórdios dos Jogos Olímpicos modernos – ao menos de acordo com a maioria dos teóricos sobre o assunto (Elias; Dunning, 1992; Hobsbawm; Ranger, 2014) –, por mais que tenha havido um esforço nesse sentido por parte do Barão Pierre de Coubertin e, posteriormente, do Comitê Olímpico Internacional.

Os argumentos que distanciam os jogos atuais dos da Antiguidade são os seguintes:

> a. Os gregos antigos celebravam e homenageavam diversos deuses gregos, como Zeus, Hércules, Apolo, Hera e Atena; logo, mesmo sendo a competitividade um aspecto em comum, tais eventos eram eminentemente religiosos, enquanto os atuais são laicos. Aliás, o elemento que agregava e assegurava a presença de representantes da maioria das pólis nos jogos era exatamente o temor aos deuses gregos, pois, como estes apresentavam sentimentos terrenos, caso fossem desrespeitados, poderiam manifestar sentimentos como fúria, ódio ou raiva.

b. Historicamente, não existem casos de fenômenos com lacunas de longa duração, isto é, que deixam de existir e ressurgem com os mesmos valores culturais séculos ou milênios depois.

c. Algumas características típicas do esporte moderno, como o recorde, a quantificação, a igualdade de condições e, sobretudo, o controle rígido da violência, por meio da criação de regras bem definidas, não estavam presentes nas competições gregas.

Para você ter uma noção mais clara acerca dessas diferenças, em termos de padrão de violência (Elias; Dunning, 1992), apresentaremos apenas dois exemplos: o das provas de corrida e o dos combates denominados *pancrácios*.

As provas de corrida não tinham obviamente medidas de distâncias tão exatas como as atuais, tampouco divisão em raias. Assim, além de velocidade, os corredores precisavam ter força, pois não era impedimento, por exemplo, tentar segurar um adversário pelos cabelos e atirá-lo ao chão. Os demais competidores, possivelmente, pisariam no desafortunado com o objetivo de que ele não retornasse à disputa.

Já o pancrácio (Figura 2.3) era uma modalidade de combate bastante violenta. As regras variaram sensivelmente ao longo do tempo, mas a maioria das fontes históricas revela que somente não era permitido morder, tentar furar os olhos do adversário ou rasgar-lhe a boca – mesmo assim, não eram incomuns tais golpes. Geralmente, nesses combates, um lutador terminava morto, e o outro, bastante ferido. Tanto que o maior vencedor de todos os tempos – Lygdamis de Siracusa – lutou nove vezes, até ser derrotado e morto (Ramos, 1982). Há relatos também de disputas em que os dois lutadores morreram em virtude de lesões em combate. Sempre que ocorria algo assim, aquele que falecia durante a disputa era carregado em cortejo fúnebre como herói, já que havia oferecido ao deus homenageado no evento o que tinha de melhor: a própria vida.

Figura 2.3 Representação imagética de um combate de pancrácio

Peter Horree/Alamy/Fotoarena

O nível de violência aceito naquela época era bastante contrastante com o presente nos esportes modernos. Isso, como mostraremos no Capítulo 4, comprova que existe uma sensível diferença entre as definições de *jogo* e de *esporte*.

A seguir, abordaremos a história da segunda civilização que serviu de base à sociedade ocidental: a romana. Aliás, se você considerou violentas as atividades competitivas promovidas pelos gregos, provavelmente se chocará com as apreciadas pelos romanos.

2.2.2 Roma

Ao contrário da civilização grega, que surgiu a partir de relações complexas entre as pólis, a civilização romana teve um espaço bem delimitado de surgimento – o local em que se encontra a atual cidade de Roma. O mito de sua fundação é uma história longa e cheia de detalhes[6].

Em um relato sintetizado, Roma foi fundada por dois irmãos gêmeos, Rômulo e Remo, que foram largados em um cesto no

---

[6] Para saber mais detalhes sobre a história mitológica de Roma, consulte Grandazzi (2010).

Rio Tevere (que corta toda a cidade). Como o cesto encalhou, eles acabaram sendo descobertos, amamentados e criados por uma loba, até serem encontrados no Monte Palatino e adotados pela família de um pastor. Mais tarde, Rômulo assassinaria Remo e se autoproclamaria o primeiro rei de Roma (Grimal, 2011).

Observe, na Figura 2.4, uma representação da loba, símbolo da fundação de Roma, amamentando Rômulo e Remo. A escultura tornou-se uma das representações simbólicas da cidade.

Figura 2.4 A loba amamentando Rômulo e Remo

Andrei Rybachuk/Shutterstock

LOBA Capitolina. [ca. século XIII]. Escultura em bronze: 75 × 114 cm. Museus Capitolinos, Roma.

Já de acordo com os estudos arqueológicos, a cidade surgiu no oitavo século antes de Cristo. Embora apresentasse dimensões reduzidas, era um local de grande interesse, pois se tratava de uma rota comercial importante da Europa na Antiguidade. Existe uma controvérsia em relação aos povos que a originaram, mas a tese mais aceita é a de que a cidade foi formada basicamente por povos latinos, com forte influência dos gregos (ao sul) e dos etruscos (ao norte).

Nessa primeira fase, o regime político era a monarquia. Influenciada pelo caráter bélico e prático dos etruscos e pela tendência expansionista de algumas pólis gregas, Roma logo passou a ampliar seus domínios – primeiramente como precaução defensiva e posteriormente pelo desejo de crescimento e colonização. Como o sistema romano era sujeito à vontade do monarca (e de seus seguidores), além das constantes revoltas internas, da resistência dos povos vizinhos, entre outras condições variáveis, seus domínios oscilaram muito durante o período (Veyne, 2008). As práticas físicas eram utilitárias, isto é, voltadas ao treinamento militar, já que, naquela época, a dependência do esforço físico durante as guerras era elementar, pois os combates eram corpo a corpo. As poucas fontes históricas[7] e os vestígios arqueológicos indicam uma provável ausência de competições com motivos festivos e/ou religiosos.

A partir do sexto século antes de Cristo, após a deposição do Rei Tarquínio, o sistema monárquico foi substituído por outro mais complexo: a **república**. Nesse novo modelo de governo, havia dois cônsules, eleitos anualmente pelas famílias tradicionais (os patrícios), que ficavam sob o controle do senado (também formado por patrícios e, posteriormente, por alguns representantes da plebe). Foi um período bastante promissor para a expansão territorial, pois Roma não dependia tanto das decisões monocráticas. Além disso, o exército romano começou a crescer, o que deu origem a novas técnicas de treinamento.

Com o amplo domínio e a assimilação de elementos de outras culturas, sobretudo dos gregos, Roma, na condição de grande metrópole da Antiguidade, começou também a se voltar às práticas de lazer e higiene, como banhos termais, combates entre aqueles que eram considerados infames (geralmente, escravos de outros povos ou criminosos) e corridas de bigas e quadrigas.

---

[7] Embora haja exceções, existe uma correlação entre a distância temporal e o volume de fontes históricas ainda existentes. A cidade de Roma, por exemplo, é toda sobreposta: não existem grandes obras (edifícios, monumentos) do período monárquico, há poucas do período republicano e várias do período imperial. A cidade abrange praticamente toda a região das sete colinas, estendendo-se às saídas da cidade, entre as quais se destacam a Via Appia, a Via Flaminia e a Via Ostiense.

Além disso, os romanos e as romanas[8] (mais especificamente os patrícios) apresentavam uma vida social ativa, com banquetes, ceias e até viagens turísticas. Eram as benesses originárias da ampliação do mercado e da economia, principalmente em razão da cobrança de altas taxas e impostos dos povos das regiões ocupadas pelos romanos.

O período republicano foi modificado com certa regularidade. Por exemplo, em época de guerra, poderia ser escolhido um único gestor, denominado *ditador*, que teria plenos poderes por seis meses. Outro caso que ilustra isso são os regimes de exceção, como o triunvirato estabelecido em decorrência das revoltas iniciadas após a rebelião promovida pelo gladiador e escravo Espártaco. Esse regime consistia na criação de uma gestão de três generais – no caso do primeiro triunvirato, Pompeu, Crasso e Júlio César. Esse período começou a ruir quando surgiram algumas divergências entre Pompeu (apoiado pelo senado) e Júlio César (que contava com forte apelo popular, devido à brilhante campanha na Gália). Após isso, César ocupou Roma, declarando-se ditador perpétuo. Mais tarde, César seria assassinado por alguns senadores, fomentando mais uma guerra civil.

O segundo triunvirato foi composto por Marco Antônio, Lépido e Otávio, este último sobrinho de Júlio César. Nesse período, o sistema político vigente foi completamente modificado quando Otávio se autoproclamou Augusto César, imperador de Roma (Grimal, 2011), dando início ao período imperial.

A civilização romana continuou crescendo durante o regime imperial, mas sujeita – assim como no período monárquico – aos caprichos dos líderes supremos. Alguns imperadores se destacaram pela organização, pelo respeito conferido ao povo e pela

---

[8] Ao contrário da civilização grega, na qual, de modo geral, a mulher não tinha direito algum e deveria ficar restrita ao ambiente privado da casa, a mulher romana – embora com participação política restrita – tinha maior liberdade e poder decisório.

sabedoria; porém, outros – como Nero, Cômodo, Caracala e Calígula – variavam entre o excêntrico, a tirania e a crueldade. Com Roma dominando parte significativa do mundo conhecido naquela época, não é de se estranhar que a maioria desses imperadores tenha reforçado os hábitos ligados ao ócio, principalmente os grandes espetáculos competitivos e os apreciados banhos termais.

Na cidade de Roma ainda existem sítios arqueológicos que eram antigas termas. As Termas de Diocleciano, por exemplo, ficam próximas à maior estação de trem da cidade, a Termini, e abrigam um museu de arqueologia. Por sua vez, as Termas de Caracalla (Figura 2.5), consideradas extremamente imponentes (ficavam próximas ao anfiteatro Circo Máximo e chegavam a receber duas mil pessoas ao mesmo tempo), tornaram-se um local de apresentação de óperas e concertos – como o celebrado encontro entre os tenores Luciano Pavarotti, José Carreras e Plácido Domingo, ocorrido em 1990.

O fato é que o banho durante o período imperial, mais do que um hábito de higiene, era uma prática de sociabilidade – não só em Roma, mas também na maioria das cidades sob seu domínio. O cidadão, plebeu ou patrício, tinha direito ao **banho termal**. Ao término das tarefas cotidianas, normalmente duas ou três horas antes de o sol se pôr, as pessoas se dirigiam a uma das termas de sua cidade. Lá, seguiam um rito que consistia em um banho em água morna, sucedido de imersão em água bem quente e, por último, em água fria, geralmente em piscinas enormes. Se estivessem dispostas a pagar, as pessoas poderiam também entrar em uma sala com vapor quente (uma espécie de sauna) para receberem massagem, depilação, corte de cabelo e até serviços sexuais. Algumas termas tinham até as chamadas *palestras* (espaços para treinamento físico, semelhantes às academias de hoje em dia) e bibliotecas. A vida dedicada ao ócio era tão intensa que alguns estudiosos do assunto chegam a afirmar que esse seria um dos motivos do declínio do Império Romano.

Figura 2.5 Ruínas arqueológicas das Termas de Caracalla, em Roma

Os imperadores também tornaram mais suntuosos os antigos espetáculos existentes durante o período da república. Grandes espaços foram construídos para as populares corridas de tração animal. O mais conhecido foi o impressionante Circo Máximo, local constantemente modificado e ampliado desde meados da república. Durante o império, esse espaço chegou a comportar a impressionante marca de 400 mil pessoas – atraídas pelas violentas corridas de bigas e quadrigas entre as equipes que representavam os diferentes *quartieri*[9] da cidade.

Os primeiros vestígios relativos aos **munera** (eventos com combates entre gladiadores) revelam que, na verdade, as pugnas entre especialistas em diferentes armas para a apreciação do público eram parte de um rito fúnebre, ocorrido no Forum Boarium[10]. Tal rito se iniciou quando os filhos de um próspero comerciante resolveram financiar um evento bélico para homenagear o recém-falecido pai. Décadas mais tarde, esses confrontos com armas, sem apresentar o caráter fúnebre, foram difundidos em toda a Península Itálica e passaram a ocorrer em locais improvisados, geralmente com arquibancadas de madeira e lonas

---

[9]   Espécies de grandes bairros.
[10] Local às margens do Rio Tibre. Nele acontecia o mercado de animais da Roma Antiga.

(semelhantes aos atuais circos[11]). Durante o período imperial, os *munera* foram incorporados como prática cultural por parte considerável dos povos sob o jugo romano (Garraffoni, 2005).

Apesar de os combates entre gladiadores já existirem durante os últimos séculos republicanos, os espaços para tais pelejas eram modestos, geralmente improvisados. Somente durante o império tais eventos se espalharam por todos os recônditos de domínio romano. Locais imensos foram construídos em pedra, e ainda hoje é possível encontrá-los em países como Itália, Alemanha, Croácia, Espanha, França, Inglaterra, Marrocos e Tunísia.

Mesmo sendo chamados atualmente de *arenas*, por definição, esses espaços eram anfiteatros. Os maiores e mais conhecidos são o Anfiteatro (arena) de Verona[12], o Anfiteatro de El Jem (na Tunísia), o Anfiteatro Capuano (perto de Nápoles) e o Anfiteatro Flávio (o celebrado Coliseu). Todos tinham capacidade superior a 50 mil espectadores – algo assombroso, visto que, ainda hoje, a construção de uma obra desse porte não é tão simples. A ideia não era somente impressionar, mas demonstrar o quanto as atividades realizadas nesses anfiteatros eram apreciadas pelos romanos e pelos povos colonizados.

---

[11] Não confunda a concepção de circo atual com a da época dos romanos, que se referia a um espaço em formato oval, que imitava hipódromos gregos.

[12] O termo *arena*, em seu sentido moderno (espaço apropriado para multieventos), pode ser aplicado ao Anfiteatro de Verona, pois suas condições estruturais são tão sólidas e a acústica é tão favorável, que ainda hoje são realizados vários espetáculos musicais em seu interior. Além de sediar anualmente algumas óperas, o espaço já recebeu artistas como Paul McCartney, The Who, Kiss, Pearl Jam, The Killers, Eros Ramazzotti, Charles Aznavour, Laura Pausini e Alicia Keys.

Figura 2.6 Pequeno anfiteatro romano localizado em Paris. Antigamente, o local sediava lutas de gladiadores; atualmente, crianças brincam e senhores jogam bocha.

Figura 2.7 Pequeno anfiteatro romano em Valle D'Aosta, na Itália.

Figura 2.8 Anfiteatro de Verona – ainda usado para a realização de óperas e *shows*.

HUANG Zheng/Shutterstock

Figura 2.9 Parte interna do suntuoso Coliseu.

Georgy Kuryatov/Shutterstock

Você deve ter conhecido algum filme, desenho animado, *game* ou livro cujo enredo apresentasse os combates entre gladiadores. Como exemplo, podemos citar o filme *Gladiador*, ganhador do Oscar de 2001. Contudo, os eventos retratados em histórias cinematográficas ou em outras mídias são estereotipados e apresentam diferenças em relação às fontes históricas sobre o assunto. A seguir, destacaremos as divergências mais significativas.

Nos grandes centros da época – sobretudo em Roma, a capital do mundo –, esses eventos eram espetáculos impressionantes. Na inauguração do Coliseu, por exemplo, o Imperador Tito, da Dinastia Flávia (daí o nome oficial, *Amphitheatrum Flavium*), promoveu uma festividade de aproximadamente cem dias (Garraffoni, 2005). Nesse sentido, não há grandes diferenças em relação ao que geralmente aparece nas produções ficcionais. No entanto, quando se trata do combate entre gladiadores, o foco dado pela ficção sugere que o evento todo consistia nessas pelejas. Embora os combates fossem a atração mais aguardada, eles não ocorriam durante todo o evento; pelo contrário, por serem a atração favorita, quase sempre eram o *gran finale*. Além disso, os eventos começavam pela manhã e prosseguiam até o sol se pôr, o que significa que os gladiadores só entravam em cena no final da tarde. Antes dessa atração, havia várias outras atividades que também eram apreciadas pela população: demonstrações de domínio equestre ou acrobacias em cima de touros; caçadas a animais trazidos das mais diferentes regiões (leões, ursos, tigres, crocodilos, hipopótamos, rinocerontes, elefantes, entre outros); tentativa de fomentar combates entre animais diversos; execuções de rebeldes estrangeiros, desertores e criminosos (por algum tempo, até os cristãos foram considerados transgressores), as quais sempre deviam ser marcadas por fortes requintes de crueldade – os indivíduos eram devorados ou destroçados por animais, queimados vivos, desmembrados por executores, crucificados[13] ou até mesmo abatidos por gladiadores bem armados e treinados. Enfim, eram demonstrações extremamente chocantes para os padrões atuais.

Outra divergência é que, na Roma Antiga, não eram comuns lutas fatais entre os gladiadores (Garraffoni, 2005). Logicamente, havia risco iminente, pois os adversários estavam manuseando armas letais. Contudo, eles eram escravos, ou seja, pertenciam a alguém com posses e tinham um valor financeiro (bem alto, por sinal). Então, não era do interesse dos proprietários que seus escravos fossem mortos em combate. Isso só ocorria quando eles ainda não eram conhecidos ou quando tinham um desempenho aquém do esperado (falta de combatividade ou mesmo medo, encarado como covardia).

Houve uma célebre revolta popular, mencionada anteriormente, iniciada por Espártaco, do *ludus* (internato de treinamento) de Cápua, tendo como mote a condição de escravatura (Araújo, 2006). Porém, a maioria dos gladiadores que lutavam nos grandes anfiteatros não manifestava interesse em galgar a liberdade. Embora isso pareça muito curioso, principalmente porque ser escravo significava pertencer a uma família patrícia e não ter direito civis, os gladiadores dormiam em confortáveis aposentos, eram muito bem alimentados, tinham acesso irrestrito ao sexo (independentemente de sua orientação sexual) e podiam até circular livremente pela cidade, já que seus senhores sabiam que eles não fugiriam. Escravos nessa condição eram verdadeiras celebridades! Existem grafites dentro do próprio

---

[13] A crucificação de supostos criminosos era uma atração bastante popular, geralmente realizada nas principais vias romanas. Essa prática também servia de alerta à população sobre quais seriam as punições a quem descumprisse as leis estabelecidas por Roma. A iconografia cristã minimizou bastante as nuances do processo de crucificação. Atualmente, fisiologistas afirmam que a morte, ao contrário do que se supunha, não era por hemorragia, mas por insuficiência pulmonar lenta – cheia de reações chocantes, como ficar com a pele arroxeada, perder o controle dos órgãos excretores, vomitar e, frequentemente, ter espasmos musculares.

Coliseu em que mulheres se declararam apaixonadas por determinados gladiadores. Em Pompeia[14], quando os arqueólogos escavaram a região do *ludus*, encontraram os restos mortais de uma mulher repleta de joias caríssimas ao lado dos cadáveres de dois gladiadores. Os próprios donos costumavam alugá-los a outros patrícios ricos (inclusive mulheres) para préstimos sexuais (com o aval dos próprios gladiadores). Eles eram também um símbolo de virilidade, tanto que alguns mercadores oportunistas chegavam a oferecer o suor de um gladiador como afrodisíaco ou estimulante sexual.

Há também uma função dos gladiadores que, muitas vezes, não aparece na ficção. Eles eram verdadeiros ceifadores de vidas quando colocados no posto de carrasco – tarefa que lhes era dada com certa frequência. Assim, podemos reiterar, sem margem de erro, que a tolerância à violência do cidadão romano era ainda maior que a do grego.

Isso reforça nossa tese de que, exatamente por esse alto grau de violência, os *munera* gladiatórios não poderiam ser considerados os primórdios do esporte moderno. O que os romanos fizeram foi aperfeiçoar as técnicas de treinamento já criadas pelos gregos, a fim de usá-las com fins militares e, posteriormente, como preparação dos artífices de um espetáculo violento que servia de entretenimento popular.

---

[14] A cidade de Pompeia é um dos sítios arqueológicos mais impressionantes do mundo. Descoberta ao acaso no século XVIII, inicialmente pensavam tratar-se apenas de uma casa de campo, pois a cidade foi coberta pelas cinzas e pedras expelidas da erupção do vulcão Vesúvio, no ano 79 d.C. Com os avanços científicos da arqueologia, foi possível até recompor os corpos dos romanos no exato momento de suas mortes e descobrir o que compunha a base alimentar deles.

2.3 As restrições corporais na Idade Média

Não existe consenso sobre os fatores que levaram à decadência do Império Romano. Alguns dos motivos frequentemente elencados são: as invasões bárbaras; a troca gradativa de uma vida austera e voltada à guerra por um modelo de sociedade que valorizava o ócio; a adoção do cristianismo como religião oficial, minimizando a tendência à agressividade e à vontade de expansão; as longas distâncias entre os vários territórios ocupados, dificultando o sistema burocrático com uma administração central (mesmo com a divisão do império em Oriental e Ocidental). Como é possível perceber, eram vários os problemas que o império enfrentava, e é bem provável que a soma deles tenha sido o motivo para sua queda. Aproximadamente no século V d.C., o império já estava reduzido apenas à própria cidade de Roma, que já não apresentava o esplendor de séculos atrás.

Com a queda do Império Romano do Ocidente, iniciou-se a Idade Média – período que é dividido em dois momentos: a Alta Idade Média – até o ano mil, aproximadamente; e a Baixa Idade Média – até o início do século XIV, aproximadamente. Porém, nesta obra, como manteremos o foco nas atividades físicas (ou em sua ausência) e na perspectiva relacionada ao corpo, não enfatizaremos tal divisão.

O fato é que, após a queda de Roma, a Europa inicialmente foi dividida entre os principais povos bárbaros (ostrogodos, visigodos, francos, bretões, saxões e eslavos), o que fez com que o território fosse fragmentado em vários pequenos reinos, repúblicas e ducados. O mais marcante foi o surgimento e a difusão de um poder paralelo, o cristianismo, que já se organizava como instituição religiosa: a Igreja Católica Apostólica Romana.

A sede principal ainda ficava situada em Roma – como afirmamos, uma cidade já sem grandes atrativos. No entanto, o poder católico, que era, a princípio, apenas circunscrito às preferências religiosas, tornou-se fortíssimo em razão do simbolismo que carregava. O poder de excomungar os nobres (tirando-lhes os direitos políticos e civis) e o posterior amalgamento ao poder judiciário, por meio dos tribunais da Santa Inquisição – que visavam combater as heresias (crimes contra a doutrina cristã) –, geraram um clima de histeria e terror coletivos.

A valorização do corpo, condição típica do mundo greco-romano, sofreu uma súbita inversão. O corpo passou a ser considerado apenas o receptáculo da alma, que era vista como a coisa mais importante do indivíduo. Logo, era o corpo que manifestava os pecados entendidos como capitais, ou seja, sem possibilidade de absolvição. Por exemplo, os cuidados excessivos com a assiduidade corporal – basta lembrar as termas dos romanos – poderiam ser tomados, em locais cuja presença da Inquisição fosse intensa, como sinais de vaidade, luxúria e preguiça. O mesmo ocorria com práticas bem comuns na Antiguidade, como a dança, e em relação ao ato sexual e à sexualidade – sobretudo no tocante às mulheres, constantemente acusadas de sedução, mesmo em casos de estupro.

O próprio julgamento – acentuamos, antes mesmo da condenação – era um processo tenso e doloroso. Afinal, na maioria das vezes, a pessoa deveria passar por sessões de interrogatório nas quais, em paralelo, ocorriam torturas físicas (sob o argumento de que isso purificaria a alma). Os acusados eram queimados, mutilados, afogados, violentados (com objetos) e até desmembrados pelos inquisidores. Mais tarde, esses julgadores/religiosos inventaram objetos e aparelhos com o fim de imprimir dor ao corpo. Consequentemente, mesmo quando era absolvido, o indivíduo ficava bastante ferido – em alguns casos, com danos físicos permanentes. Tanto que esse período é chamado por alguns historiadores e filósofos de *Idade das Trevas* ou *Obscurantismo Cultural* (Pedrero-Sánchez, 2000).

As únicas práticas físicas aceitas pelo papado tinham como mote a preparação e a participação na guerra. Jovens de nobres famílias, sabendo que apenas o primogênito herdaria as terras do pai, aprendiam técnicas de combate e usavam os recursos que tinham para contratar um pequeno grupo de mercenários para participar das **cruzadas**, com a perspectiva, caso saíssem vitoriosos, de receber terras e riquezas retiradas dos muçulmanos que ocupavam a região próxima a Jerusalém.

Essas guerras pela recuperação da Terra Santa eram estimuladas porque as autoridades cristãs viam nelas a possibilidade de congregar mais fiéis provenientes de uma região em que outra fé predominava. Portanto, o treinamento militar dos cruzados e as festas realizadas durante os torneios eram apenas convenientemente tolerados.

Com relação às festas, havia dois eventos associados diretamente às guerras em nome do cristianismo: a **justa**, espécie de combate simulado com alto padrão de violência (não raro, as justas terminavam em morte), em que os nobres preparavam os seus comandados; e os famosos **torneios** (eventos reproduzidos à exaustão em desenhos animados), nos quais jovens nobres, geralmente cavaleiros – o título mais baixo da nobreza –, tentavam derrubar o adversário de cima de seu cavalo por meio da utilização de uma lança longa (com a ponta protegida por cortiça). Os torneios também podiam envolver disputas menos conhecidas e importantes, como duelos de espadas e arremessos de maças (precisão e distância). Nestes últimos, como eventos destinados somente à nobreza, também eram promovidas festas e bailes dançantes.

2.4 Renascimento: a retomada dos ideais greco-romanos

O Renascimento foi um período ocorrido na Europa, entre os séculos XIV e XVI, que anunciava mudanças gradativas na mentalidade típica da Idade Média. Nessa época, o Vaticano perdeu poder com o surgimento do protestantismo, embora ainda permanecesse o rigor da Inquisição em alguns reinos, como Portugal e Espanha. Essa pequena perda de poder, aliada ao aparecimento de alguns religiosos católicos com pensamentos mais progressistas (influenciados principalmente pelas ideias de Tomás de Aquino), permitiu que algumas pequenas repúblicas e reinos da atual Itália (Florença, Veneza, Siena, Milão) e, um pouco mais tarde, da Holanda, da Inglaterra, da França e da Alemanha fomentassem esse movimento libertário, o qual, sinteticamente, considerava o próprio homem e sua cultura o centro do universo.

Como o próprio nome do período sugere, o Renascimento (ou Renascença) foi um movimento artístico, intelectual e cultural caracterizado pela influência dos padrões estéticos, corporais e filosóficos típicos da Antiguidade Clássica, principalmente os padrões greco-romanos. Logicamente, tratou-se de uma reinterpretação dos modelos antigos, e não do retorno a essas culturas de base. Por exemplo, não é que o cristianismo deixou de existir e as pessoas passaram a seguir novamente a doutrina pagã, e sim que temáticas associadas aos deuses gregos e romanos poderiam ser reproduzidas de modo artístico sem que isso pudesse colocar o autor em risco.

Entre as pinturas mais importantes do período estão *O nascimento de Vênus*, de Sandro Botticelli; *A Última Ceia*, *Mona Lisa* e *Homem vitruviano*, de Leonardo da Vinci; o *Juízo Final* (teto da

Capela Sistina, no Vaticano) e a escultura de *Davi*, de Michelangelo; a *Vênus de Urbino* e *Davi e Golias*, de Ticiano Vecellio; e *A Escola de Atenas*, de Rafael Sanzio. Entre as obras listadas – exceto as com temas cristãos –, todas colocavam o corpo novamente em evidência.

Essa renovação cultural se estendeu das artes a outras áreas, como a filosofia. No campo das ciências, destacaram-se nomes como Giordano Bruno (acusado de herege e condenado à morte na fogueira pela Inquisição no Campo dei Fiori, em Roma), Nicolau Copérnico, Thomas More (um dos fundadores do humanismo), Francis Bacon (considerado o fundador da ciência moderna), René Descartes e Galileu Galilei (também acusado pela Inquisição, tendo de se retratar em relação ao heliocentrismo).

Nesse período, também ocorreu um retorno – bem gradativo – às atividades de lazer e entretenimento. Os populares passaram a transformar as celebrações religiosas em práticas lúdicas e de divertimento, nem sempre condizentes com os preceitos cristãos – como as diversas comemorações carnavalescas (vide o caso do famosíssimo *Carnevale* de Veneza[15]). Esses festejos lúdicos acabaram incorporando também algumas práticas competitivas – algumas, aliás, já com características espetacularizadas, ou seja, de entretenimento do público, o que transcendeu os limites da atividade como divertimento. São os casos de duas atividades bastante conhecidas até a atualidade: o **calcio fiorentino** e o **palio di Siena**.

Prática iniciada em Florença, o *calcio fiorentino* consistia na disputa entre duas equipes, valendo chutes e arremessos, para levar uma bola da Piazza del Duomo até um dos portões da cidade – cada equipe, sem restrição no número de participantes, defendia

---

[15] Essa festividade acontece na cidade italiana de Veneza nos dias que antecedem a quaresma. Atualmente, o principal costume é a utilização de máscaras e roupas típicas do século XVIII.

um dos portões e, consequentemente, atacava o outro. Alguns historiadores italianos até hoje associam essa prática ao atual futebol, negando que tal modalidade tenha origem na Inglaterra. Essa versão é tão consolidada na Itália que lá o esporte é chamado de *calcio*, e não por um termo equivalente a *football* (como na maioria dos demais países, inclusive no Brasil) ou *soccer* (como nos Estados Unidos). Essa disputa, embora não fosse tão mortal quanto os combates promovidos por gregos (pancrácios) e romanos (lutas entre gladiadores), ainda apresentava alto grau de violência, tendo em vista que era bem desregrada, valendo chutes, socos, pedradas e outros tipos de golpes. Como tradição, existe anualmente uma simulação desse jogo em Florença, porém com regras atenuantes[16].

A segunda competição mencionada é o *palio di Siena*, uma disputa entre homens a cavalo. Assim como no *calcio fiorentino*, cada conjunto (homem e cavalo) representa um dos bairros da cidade em uma disputa bastante perigosa e violenta: a montaria nos cavalos é feita sem o uso de celas e arreios; a pista, na verdade, é uma praça em formato irregular e em desnível; e até é permitido certo contato entre os competidores (tanto que, se o cavaleiro cair e o cavalo chegar sozinho, o resultado é válido)[17].

Como ambas as competições eram violentas, podemos afirmar que ainda não se tratava da gênese do esporte moderno, pois este já nasce sob a égide da civilidade, do *fair play* e da preservação da integridade física dos participantes.

---

[16] Caso queira ver essa reprodução tradicional do *calcio storico fiorentino*, acesse: THIS BARBARIC Version of Soccer is the Original Extreme Sport. 2014. Disponível em: <https://www.youtube.com/watch?v=VVJEvtkFKBc>. Acesso em: 9 nov. 2017.

[17] Caso deseje conhecer também o *palio di Siena*, acesse : PALIO dell'Assunta 2016. 2016. Disponível em: <https://www.youtube.com/watch?v=CJcRbubRJbw>. Acesso em: 9 nov. 2017.

ⅲ Síntese

Neste capítulo, apresentamos como as práticas físicas e competitivas foram se desenvolvendo no mundo, com ênfase no Ocidente e nas duas civilizações que mais o influenciaram: a grega e a romana.

Seguindo uma linha temporal, mostramos que a valorização do corpo, principalmente visando à guerra e à competitividade extrema, presente nas civilizações da Antiguidade, foi gradativamente apagada por outro fenômeno que teve forte impacto na cultura romana no final do período imperial: a doutrina cristã. Essa religião conduziu ao estabelecimento de valores que se chocaram com os costumes anteriores – por exemplo, os próprios combates entre gladiadores, tão populares por quase três séculos, foram proibidos por alguns imperadores que já haviam se tornado cristãos.

Outra questão abordada foi a influência do cristianismo, já estabelecido como uma instituição religiosa (a Igreja Católica Apostólica Romana), na definição dos valores ligados ao corpo, que foi reduzido ao sentido de invólucro da alma. Como consequência, as práticas físicas e competitivas ficaram reduzidas àquelas autorizadas pela própria Igreja: o treinamento para participar das cruzadas (as justas e os torneios).

O retorno à valorização do corpo, principalmente por meio das artes, ocorreu a partir do fim do século XIV, quando, por vários motivos contextuais, surgiu um movimento cultural humanista chamado *Renascimento*, que teve imenso impacto no mundo ocidental, transcendendo as artes e fomentando novas perspectivas filosóficas, científicas e literárias.

Indicações culturais

Livros

ECO, U. **O nome da rosa**. Tradução de Aurora Fornoni Bernardini e Homero Freitas de Andrade. 9. ed. São Paulo: Record, 2016.

O famoso professor italiano Umberto Eco passou anos pesquisando informações em arquivos episcopais, paroquiais e até inquisitórios da Idade Média para escrever essa obra, que é considerada uma das mais importantes das últimas décadas. O enredo comporta um cenário de crime e, consequentemente, uma investigação (tanto racional quanto religiosa), bem como aborda a influência da Igreja Católica no modo de vida dos indivíduos, as ações da Santa Inquisição, a tortura corporal como método de purificação da alma e até uma discussão sobre razão *versus* fé.

WALLACE, L. **Ben-Hur**. Tradução de Drago. São Paulo: Jangada, 2016.

Esse livro é considerado um clássico da literatura mundial. Foi escrito no fim do século XIX e adaptado também para o cinema. Trata-se de uma história fictícia sobre a vida de um judeu de família nobre, que vivia em Jerusalém e que acaba sendo punido por conta de um acidente que quase causou a morte do governador romano na região. O penoso destino de Ben-Hur margeia a vida de Jesus Cristo. Para a área de educação física, interessa o fato de o protagonista se tornar um condutor de quadrigas, corridas mortíferas que os romanos espalharam por praticamente todo o território ocupado.

Filmes

2001: uma odisseia no espaço. Direção: Stanley Kubrick. Reino Unido/EUA: Warner Home Video, 1968. 160 min.

Este é um clássico da ficção científica dirigido pelo celebradíssimo Stanley Kubrick. De maneira geral, trata-se de uma projeção do futuro que aborda uma questão bem presente em filmes do gênero: o surgimento da inteligência artificial e, a partir desta, o destino ou futuro da humanidade. Mas o que nos interessa especialmente nessa produção é a primeira cena, intitulada "A alvorada do homem", na qual se apresenta uma narrativa a respeito do surgimento da espécie *Homo sapiens* e da luta pela sobrevivência.

300. Direção: Zack Snyder. EUA: Warner Bros., 2006. 117 min.

O filme *300* é uma adaptação da *graphic novel* de Frank Miller, um famoso quadrinista norte-americano. Embora abuse do uso do fundo verde e de cenários e figurantes produzidos em computador, o filme revela os valores militaristas de Esparta.

CRUZADA. Direção: Ridley Scott. EUA/Reino Unido/Alemanha, 2005. 144 min.

Do mesmo diretor de *Gladiador* (ver próxima indicação), que, nessa produção, dedicou-se a contextualizar o período da Terceira Cruzada do Ocidente contra Saladino, sultão mulçumano do Egito e da Síria. Na obra, a questão política é o foco, e o diretor deixa claro que muitos conflitos existentes ainda hoje têm raízes naquele período. Aqui, destacamos que é possível observar, já no início do filme, como o treinamento com fins bélicos, mas em defesa do cristianismo, era autorizado.

GLADIADOR. Direção: Ridley Scott. EUA: CIC Video, 2000. 154 min.

A quantidade de premiações que o filme obteve – Oscar de Melhor Filme e de Melhor Ator (Russel Crowe) – já reforça sua qualidade. Mesmo apresentando um enredo híbrido, que inclui a presença de personagens históricos (de diferentes épocas da República e do Império Romano) e fictícios, o filme retrata muito bem o quanto eram populares os combates de gladiadores e como era difícil a ascensão até chegar ao Coliseu, local que apontava para o ápice da carreira.

TROIA. Direção: Wolfgang Petersen. EUA: Warner Bros., 2004. 155 min.

Trata-se de uma adaptação do maior clássico da literatura grega, a *Ilíada*, de Homero. Embora haja dúvida sobre a veracidade da narrativa heroica feita em verso por Homero – alguns arqueólogos mais céticos chegaram até mesmo a questionar a própria existência da mitológica cidade –, esse filme mostra como era volúvel a relação entre as pólis e também como era valorizado o corpo guerreiro.

Série

ROMA. Direção: Bruno Heller et al. EUA/Reino Unido/Itália: Home Box Office (HBO)/British Broadcasting Corporation (BBC), 2005-2007. Série de TV. 55 min.

Exibida nos canais HBO e gravada em duas temporadas, a série foi um verdadeiro sucesso. Na primeira temporada, os dois personagens protagonistas participaram ativamente do turbulento período de transição da República ao Império, pois ambos eram soldados sob o comando do general Júlio César. Já na segunda temporada, após a morte de César pelos senadores liderados por Brutus, os dois acompanham de perto a disputa de poder entre Marco Antônio e Otávio – que posteriormente ficou conhecido como Augusto César, o primeiro imperador romano. As locações para a filmagem são ricas em detalhes, e as reproduções de Roma e do Egito na Antiguidade são impressionantes. A série só foi cancelada em virtude do alto custo de cada episódio.

Atividades de autoavaliação

1. Leia a seguir um trecho da introdução da obra *Homo ludens*, do filósofo Johan Huizinga (2014, p. 4):

   Em época mais otimista que a atual, nossa espécie recebeu a designação de Homo sapiens. *Com o passar do tempo, acabamos por compreender que, afinal de contas, não somos tão racionais quanto a ingenuidade e o culto da razão do século XVIII nos fizeram supor, e passou a ser de moda designar nossa espécie como* Homo faber. *Embora* faber *não seja uma definição do ser humano tão inadequada como* sapiens, *ela é, contudo, ainda menos apropriada do que esta, visto poder servir para designar grande número de animais. Mas existe uma terceira função, que se verifica tanto na vida humana como na animal, e é tão importante como o raciocínio e o fabrico de objetos: o jogo. Creio que, depois de* Homo faber *e talvez ao mesmo nível de* Homo sapiens, *a expressão* Homo ludens *merece um lugar em nossa nomenclatura.*

Pautando-se na teoria do autor, é correto afirmar:

a) As mais diferentes espécies hominídeas já tinham formas de treinamento físico sistematizadas.

b) O homem, segundo Huizinga, antes mesmo de ser sapiente (sábio), já tinha manifestações de ludicidade (brincava).

c) As brincadeiras se afirmaram como traço do comportamento humano somente nas civilizações egípcia, grega e romana.

d) Os hominídeos sempre tiveram facilidade para sobreviver, pois eram mais fortes, inteligentes e rápidos que as outras espécies.

e) Huizinga pleiteava um posto de destaque nos estudos biológicos sobre o surgimento da espécie humana.

2. A civilização grega durou vários séculos. Desde então, ocorreram várias mudanças sociais, mas muitos aspectos permaneceram e influenciaram a cultura ocidental até a atualidade. Sobre isso, assinale a alternativa **incorreta**:

a) Não existia apenas um modo de viver, pois a civilização grega, na verdade, era um conjunto formado por várias pólis (cidades-estado).

b) Existiam vários jogos competitivos na Grécia, não somente os Jogos Olímpicos.

c) As práticas competitivas na Grécia Antiga mantinham o *fair play* e o baixo teor de violência; logo, podem ser consideradas a gênese do esporte moderno.

d) A atual prova de maratona é uma homenagem a um soldado mensageiro ateniense chamado Fidípides.

e) Alexandre, o Grande, expandiu de forma surpreendente os domínios da civilização grega.

3. A respeito das práticas físicas e do modo de vida da civilização romana, é correto afirmar:
   a) Sempre foram os mesmos; portanto, eram iguais na monarquia, na república e no império.
   b) Os romanos, principalmente aqueles de famílias patrícias (tradicionais), tiveram uma vida regrada durante o império, voltada exclusivamente ao trabalho.
   c) Os romanos tinham apreço por práticas violentas, como o sacrifício de presos e cristãos, as caçadas de animais e o próprio combate entre os gladiadores.
   d) Os combates entre os gladiadores ocorriam nos circos; já as corridas de bigas e quadrigas, nos anfiteatros.
   e) Muito do que se sabe a respeito da civilização romana, inclusive sobre os combates entre gladiadores, é devido às escavações arqueológicas em Pompeia e em Herculano, cidades soterradas pela erupção do vulcão Vesúvio.

4. Na Idade Média, os cuidados corporais foram bastante inibidos. Assim, restaram na época apenas práticas que consistiam na preparação física e em treinos no manuseio de armas para participar de guerras religiosas (as cruzadas). Assinale a alternativa que explica corretamente qual foi o motivo dessa inibição:
   a) Os nobres passaram a considerar festas e outras formas de divertimento como perda de tempo.
   b) Era um período de carência; portanto, a água era racionada.
   c) Na época, ainda não havia conhecimento dos benefícios da higiene corporal.
   d) O corpo era considerado apenas o receptáculo da alma. Cuidados excessivos poderiam ser entendidos como um pecado capital (a luxúria).
   e) Os locais para cuidado com o corpo haviam sido destruídos pelas constantes guerras.

5. De acordo com as informações apresentadas sobre o Renascimento, assinale a alternativa **incorreta**:
   a) Era um movimento centrado na Itália, um dos poucos países da Europa.
   b) Esse movimento se manifestou, sobretudo, nas artes.
   c) Entre os segmentos influenciados pelo movimento estavam a filosofia, a ciência e a literatura.
   d) Ao movimento foi dado o nome de *Renascimento Cultural*, por se tratar de uma volta – mesmo que parcial – aos valores artístico-corporais greco-romanos.
   e) Nessa época, o Vaticano perdeu parte de seu poder em decorrência do surgimento do protestantismo.

Atividades de aprendizagem

Questões para reflexão

1. Por que os antigos jogos gregos, os combates entre gladiadores e as competições renascentistas nas cidades de Florença e Siena não podem ser considerados precursores do esporte moderno?
2. Por que a Idade Média também é chamada de *Idade das Trevas* ou *Obscurantismo Cultural*?
3. Se você fosse pesquisar os *munera* (combates entre os gladiadores), por exemplo, quais fontes de pesquisa poderia usar?

Atividade aplicada: prática

1. Produza um roteiro de teatro sobre as práticas físicas antigas na Grécia ou em Roma, a fim de exemplificar as formas de abordar tais conteúdos nas aulas de Educação Física.

Capítulo 3

A história da educação física no Brasil

Neste capítulo, abordaremos a relação entre o início da valorização das práticas físicas no contexto brasileiro e sua relação com o surgimento sistematizado da educação física. Nesse sentido, enfatizaremos quais eram os objetivos da área durante a influência dos movimentos higienista, eugenista e militarista, que predominaram no Brasil entre o fim do século XIX e meados do século XX. Assim, esperamos esclarecer como ocorreu a progressiva valorização da educação física na sociedade brasileira e refletir sobre como a área foi influenciada por diferentes interesses nos períodos retratados, em um contexto mais amplo de desenvolvimento da nação.

3.1 O período higienista

Antes de abordarmos os aspectos específicos da educação física durante o período higienista brasileiro, é importante apresentarmos o contexto no qual esse movimento se inseriu no país. O higienismo foi uma corrente de ordem médica que predominou no Brasil principalmente no fim do século XIX e início do século XX. Os médicos, de acordo com Castellani Filho (2013, p. 30), "mediante uma ação calcada nos princípios da medicina social de índole higiênica, imbuíram-se da tarefa de ditar à sociedade, através da instituição familiar, os fundamentos próprios ao processo de reorganização daquela célula social".

Essa reorganização era considerada necessária porque o país tinha passado do regime monárquico ao republicano e estava enfrentando um processo de industrialização e urbanização – movimentos que ocorreram de forma tardia no Brasil, em comparação com as nações desenvolvidas europeias e mesmo com os Estados Unidos da América. Dessa forma, grande parcela da elite intelectual brasileira, principalmente os médicos, foi influenciada por esse modelo que foi bem-sucedido em países estrangeiros, sobretudo na Europa. Isso passou a influenciar os governantes em relação ao estabelecimento de novas normas de funcionamento social, já que a maioria da população brasileira se encontrava em condições insalubres de sobrevivência.

A cidade do Rio de Janeiro pode ser considerada a mais representativa nesse contexto, visto que era a única grande metrópole do período (Sevcenko; Novais, 1998). Como se tratava da capital federal, a cidade era habitada por mais de 500 mil pessoas, sendo a maioria constituída por negros recém-libertos do regime escravocrata. Também havia um grande número de trabalhadores rurais, que começavam a trocar o campo pela cidade, e de imigrantes pobres. Essa população de baixíssima renda acumulava-se em grandes casarões divididos em minúsculas residências, as quais, como retratou Aluísio Azevedo em sua clássica obra *O cortiço*, apresentavam precárias condições de saneamento e superlotação. Além disso, havia o crescimento populacional desenfreado e os altos índices de violência.

Desse modo, no intuito de eliminar os cortiços do centro da cidade e torná-la mais segura e símile aos grandes centros internacionais – principalmente Paris –, em 1902, após a ascensão de Campos Sales à presidência da República e da nomeação de Pereira Passos para prefeito e de Oswaldo Cruz para o cargo de diretor da saúde pública, foi colocada em prática a **operação bota-abaixo**. Essa operação consistia em derrubar os cortiços localizados no centro da cidade e substituí-los por grandes avenidas, as quais representariam o crescimento civilizado da capital e caracterizariam uma grande reforma urbana.

Aliada a essa mudança, o médico sanitarista Oswaldo Cruz comandou uma campanha de vacinação obrigatória contra varíola, doença que assolava a população carioca na época. Os agentes da saúde eram orientados a vacinar toda a população, de forma truculenta, se fosse necessário – em alguns casos, eles invadiam as casas e aplicavam à força as vacinas. Isso causou uma resposta também violenta por parte da população – a **Revolta da Vacina** (1904) –, já que houve confrontos consecutivos entre um grande número de pessoas e as forças do governo.

Tais atitudes sanitárias tinham como principal objetivo modificar os hábitos nada higiênicos da época, que eram um ranço da sociedade colonial e monárquica. Assim, a ideia era aumentar a expectativa de vida dos brasileiros a partir do controle de doenças e, consequentemente, de sua produtividade trabalhista. Esse pensamento foi importante no sentido de que a recém-industrializada república precisava de operários sadios e fortes para alavancar a produção. Nesse contexto, "Os higienistas tiveram um papel preponderante para que se pensasse, e ainda pensemos, a produtividade mais como resultado das condições dos trabalhadores do que como produto de suas características raciais" (Gois Junior, 2000, p. 68).

Isso porque, de acordo com Gois Junior (2000), os médicos higienistas tiveram de convencer as camadas governamentais de que o insucesso econômico e a grande taxa de doenças da população brasileira não eram resultado de um determinismo biológico ou de características inatas relacionadas à preguiça e à indolência, mas das precárias condições sanitárias e de moradia encontradas no país.

Nesse sentido, os ideais higienistas também foram importantes para que fosse modificada a instituição familiar, que passou a comportar modelos cada vez menores – estruturas vigentes na sociedade até a atualidade. A intenção de reformular essa configuração de família ocorreu em virtude da crença de que no período monárquico não havia um cuidado satisfatório com a educação dos filhos.

3.1.1 A educação física durante o período higienista

Em 1882, no final do período monárquico, paralelamente à preocupação sanitarista, o então deputado geral Rui Barbosa, influenciado por valores civis europeus, pregou a favor da obrigatoriedade da ginástica nas escolas – até então, as atividades físicas eram vistas como prejudiciais e entendidas como características de classes vistas como inferiores. Como mencionamos anteriormente, essa recomendação ocorreu pela emissão de um parecer acerca do Projeto n. 224, Reforma Leôncio de Carvalho – Decreto n. 7.247, de 19 de abril de 1879, da Instrução Pública (Brasil, 1879). Foi nesse período que se iniciou a grande valorização da educação física como componente curricular no Brasil, uma vez que os profissionais da área passaram a ser recompensados da mesma maneira que os das demais disciplinas.

Nessa época, a disciplina de Educação Física era utilizada como forma de ajudar no controle do corpo, que deveria tornar-se saudável, robusto e harmonioso. Além disso, como mencionado anteriormente, havia o interesse das elites nacionais de que os operários se tornassem cada vez mais aptos às grandes cargas de trabalho nas fábricas.

Ao mesmo tempo, o vigor físico era considerado uma maneira de blindar e proteger o corpo das mazelas que atingiam a população. Assim, a atividade física se tornou aliada das reformas urbanas e da saúde, que visavam salvaguardar a população do perigo proporcionado pelas doenças.

Dada a já mencionada influência europeia, em um primeiro momento, a educação física no Brasil se manteve praticamente com as mesmas características do método francês, que valorizava o movimento controlado na ginástica e objetivava proporcionar um ganho de condição física equilibrada, sem os riscos causados pela prática desenfreada de esportes. Em outras palavras, os exercícios não deveriam gerar fadiga excessiva; assim, estudos fisiológicos sobre tempo, intensidade e quantidade de exercícios se tornaram grandes aliados na prescrição das atividades.

No Brasil, com o intuito de prosseguir nos caminhos considerados de sucesso para o fortalecimento do povo, os higienistas passaram a fazer orientações relacionadas à estrutura escolar. Segundo eles, os ambientes precisavam ser mais arejados e era necessário haver um espaço adequado ao exercício físico, que deveria ser praticado com regularidade. Para tanto, foram previstos períodos maiores de intervalo entre algumas aulas. Além disso, os médicos higienistas tinham interesse no ensino da higiene como forma de se evitarem doenças e o consumo de álcool e fumo e, ainda, de se controlar a alimentação. Desse modo,

> A Educação Física como uma medida profilática para se evitar a fadiga estava presente nos manuais de higiene da época. Diziam os higienistas que o treinamento físico, que era resultante da prática continuada e

metodicamente intensificada dos exercícios musculares até certo limite, ia acarretando uma adaptação funcional a maiores exigências, um aperfeiçoamento da resistência ao esforço requerido, um rendimento mais nítido do trabalho solicitado, enfim, um aumento na resistência à fadiga. (Gois Júnior, 2000, p. 152)

A educação física nas escolas passou então a ser um dos pilares do projeto higienista no país. Como resultado desse grande interesse, surgiram revistas especializadas no assunto, multiplicaram-se os cursos envolvendo essa temática e diversos debates sobre as melhores formas de se atingirem os objetivos propostos passaram a aflorar. Podemos afirmar, com isso, que os ideais de saúde pautados na atividade física e a valorização de uma educação integral do homem – ou seja, que preza o equilíbrio entre corpo e mente – atuam em nossa sociedade até os dias atuais. Afinal, apesar das óbvias mudanças e da evolução de diversos métodos e práticas para controle do corpo, os objetivos profiláticos parecem ter atravessado o século e se somado à obsessão estética.

É importante salientar que os debates iniciados em torno da educação física naquele período não nos permitem definir uma linha homogênea no desenvolvimento da disciplina, haja vista que, mesmo dentro do grupo de defensores do higienismo, existiam divergências em relação aos métodos adequados para a obtenção do equilíbrio físico e do estado de saúde necessários ao desenvolvimento dos indivíduos e da nação. Para muitos, como já afirmado, o esporte não poderia agir nesse sentido, visto que levaria os corpos à exaustão; entretanto, alguns professores defendiam sua utilização como forma de ensinar valores como altruísmo e respeito mútuo.

Havia certas disputas para o estabelecimento do método correto a ser implementado até entre os próprios defensores da centralidade da ginástica. Exemplo disso é que um dos maiores disseminadores da educação física no período, **Arthur Higgins** (1885-1934), tinha nos métodos sueco e belga as raízes de sua admiração. No ano de 1890, logo após a Proclamação da República,

Higgins, que anteriormente havia sido jornalista, foi nomeado professor de ginástica da corte pelo General Deodoro da Fonseca, ficando responsável por formar os professores que atuariam em escolas de segundo grau (Silva, 2016). Higgins desenvolveu, então, o *Compendio de gymnastica e jogos escolares*, publicado em 1896 e, posteriormente, tratado como a primeira sistematização pedagógica para a educação física brasileira. Assim, as ideias desse autor, bastante pautadas nos modelos citados (que apresentavam diferenças sutis em relação ao método francês), foram adotadas em grande escala pelas escolas brasileiras, já que a publicação passou a ser utilizada como uma espécie de livro didático com a chancela do governo.

Você, caro leitor, já deve ter visto fotos ou pinturas brasileiras referentes aos períodos colonial e monárquico. Provavelmente você percebeu que as vestimentas utilizadas, em especial por mulheres, não podiam ser consideradas adequadas à atividade física. Em razão disso, a partir da gradual mudança de pensamento comandada pelos higienistas, houve também modificações nos modelos das roupas, que passaram a ser mais leves, pois existiam orientações de que elas deveriam possibilitar movimentos rápidos e a ventilação do corpo. Assim, é possível afirmar que, apesar de os exercícios para as mulheres apresentarem diferenças em relação aos dos homens – em virtude da crença de que a natureza feminina exigia cuidados maiores para a geração de filhos saudáveis (Goellner, 2005a) –, houve uma abertura maior para que elas figurassem na vida pública em decorrência da prática da ginástica, ao mesmo tempo que conquistavam espaço em outras esferas da sociedade.

Fica claro, portanto, que as ideias propagadas pelos médicos tinham como objetivo modificar hábitos, costumes e a estrutura da sociedade para talhar um novo modelo de mulher e de homem brasileiros, sendo que a educação física como componente curricular desempenhou papel fundamental nesse processo.

3.2 O período eugenista

Para a construção do novo indivíduo brasileiro proposto pelo higienismo, logo essa política mesclou-se com os ideais de eugenia propagados por alguns médicos e intelectuais, no intuito de embranquecer e fortalecer a nação brasileira – espécie de seleção para que prevalecessem indivíduos brancos e robustos correspondentes à imagem que o país queria transmitir. Vale salientar que o termo *eugenia* foi criado por Francis Galton (1822-1911), antropólogo e matemático inglês que acreditava que a inteligência é predominantemente herdada, e não fruto da ação ambiental.

Com base nas ideias de Galton, que também eram utilizadas em outros países, alguns representantes da elite intelectual brasileira passaram a se movimentar para colocar tais princípios em prática. Assim, em 1918, foi criada a Sociedade Paulista de Eugenia, primeira do país. Com isso, passou-se a pensar a questão da eugenia de três formas, as quais serão apresentadas na sequência.

Na chamada **eugenia negativa**, discutiam-se a proibição de migração não branca para o país e o aconselhamento para que não fossem realizados casamentos inter-raciais. Essa segregação era debatida em torno da crença de que negros, índios e pardos apresentavam tendência ao crime e ao desvio de caráter. Argumentava-se também que os indivíduos considerados não saudáveis ou não representantes de uma boa hereditariedade deveriam ser incentivados a passar pelo processo de esterilização, para que não pudessem reproduzir seus genes, cabendo ao Estado disponibilizar acesso a métodos anticoncepcionais para a população carente.

Já a **eugenia positiva** era representada pelos cuidados com os indivíduos considerados de boa genética. Nesse caso, incentivavam-se o zelo com as mulheres grávidas, a boa alimentação e a atenção ao movimento humano, para a garantia de que seres geneticamente fortes se espalhassem pelo país.

Por fim, a partir da **profilaxia**, tentava-se fazer com que diminuíssem os casos de doenças venéreas entre a população; para isso, eram realizadas campanhas de conscientização sobre o perigo e a irresponsabilidade da prostituição.

Pelo *Boletim de Eugenia*, espécie de periódico no qual eram veiculados diversos textos de supostos especialistas na área, eram abordados temas sobre a origem racial dos problemas de saúde e sociais da nação, a fim de que fosse salientada a importância de formar uma população robusta e forte, principalmente entre o fim da década de 1920 e o início da década de 1930.

Em 1931, foi criada a **Comissão Central Brasileira de Eugenia**, que teve como principal característica difundir o ideal de regeneração física, psíquica e moral do homem. Nas edições do citado *Boletim de Eugenia*[1], era muito comum serem relembradas passagens bíblicas para dar legitimidade ao processo de controle da descendência brasileira. Isto é, os intelectuais aliavam-se ao catolicismo, crença amplamente difundida entre a população brasileira, para respaldar suas atitudes de segregação.

Havia também a divulgação de artigos defendendo a importância de um controle de natalidade nas famílias, para que os pais então fossem capazes de dar máxima atenção à saúde de sua prole. Além disso, instruções sobre o direito das crianças passaram a ser vinculadas, como a defesa de que até os 15 anos nenhuma delas deveria ser submetida a trabalhos físicos e desgastantes (Instituto..., 1929a, 1929b, 1929c, 1929d, 1929e). Dessa forma, podemos afirmar que as famílias atuais carregam em sua

---

[1] Os números do *Boletim de Eugenia* foram editados pelo Instituto Brasileiro de Eugenia entre os anos de 1929 e 1931 e hoje estão digitalizados na base de dados do Grupo de Estudos e Pesquisas Higiene Mental e Eugenia (Gephe), sediado na Universidade Estadual de Maringá (UEM).

estrutura e formação, assim como no ideal de proteção infantil, muito do que foi pregado durante a influência tanto do eugenismo quanto do higienismo.

3.2.1 A eugenia refletida na educação física

A ginástica continuou sendo considerada uma ótima ferramenta para se atingirem os objetivos higiênicos e eugênicos, pois era vista pelos médicos como propícia ao "desenvolvimento da raça" ao proporcionar o enrijecimento dos corpos, na intenção de gerar bons descendentes.

Segundo Castellani Filho (2013, p. 43), a crença era a de que "mulheres fortes e sadias teriam mais condições de gerarem filhos saudáveis, os quais, por sua vez, estariam mais aptos a defenderem e construírem a Pátria, no caso dos homens, e de se tornarem mães robustas, no caso das mulheres". Para as mulheres, ainda predominavam as orientações em relação à prática de atividades mais leves de ginástica, que não prejudicassem suas formas femininas e a delicadeza dos corpos maternos – isso contribuiu para que a imagem da mulher na sociedade brasileira fosse quase exclusivamente atrelada ao papel de mãe.

Em meio a tais mudanças, o país continuou sua transição de um modelo rural-agrícola para um urbano-comercial, no qual a educação se tornou um fator de enorme preocupação do Estado. Entre 1920 e 1928, vários estados brasileiros passaram a incluir a educação física como componente obrigatório de seus currículos – continuando, assim, a progressiva disseminação dessa disciplina pelo país, iniciada com o movimento higienista. **Fernando de Azevedo** (1894-1974), um dos maiores responsáveis pela grande reforma educacional do início do século XX e um dos fundadores da Universidade de São Paulo (USP), definiu o papel do professor responsável por essa disciplina da seguinte forma:

> *Ao Professor de Educação Física compete, pois (e não há exagero algum nesta afirmativa), dirigir, orientar os exercícios de modo que influam enérgica e eficazmente sobre cada organismo, ordená-los em série gradual, harmonizá-los com o período de evolução orgânica, incutindo o prazer ou, ao menos, evitando o tédio, e constatar, enfim, pelos processos vários de mensurações corporais, os resultados de seu ensino, fazer, em uma palavra, o registro dos benefícios que provieram dos exercícios, e dos inconvenientes que determinaram.* (Azevedo, citado por Castellani Filho, 2013, p. 59)

Como é possível perceber, a disciplina de Educação Física era vista como ferramenta para o fortalecimento das futuras gerações e, consequentemente, da nação. Havia forte relação entre o ensino dessa disciplina nas escolas e o desenvolvimento do exército nacional, que ocorria por meio de treinamento físico. Existia, além disso, enorme preocupação com o equilíbrio entre a saúde física e a mental, sendo que no primeiro exemplar do *Boletim de Eugenia*, no ano de 1929, foram apresentados os objetivos pertinentes ao desenvolvimento de uma sociedade civilizada, entre os quais foram destacadas a importância da ciência e a necessidade de "melhoria da raça" por meio de cuidados com a higiene, o tratamento de doenças e a prática de atividades físicas e mentais. Como já afirmado, essa melhoria também foi atrelada à necessidade de reprodução entre pessoas com o mesmo fenótipo, visto a crença de que fatores genéticos influenciavam na conduta pessoal mais ainda que o meio no qual as pessoas viviam.

Preste atenção!

Durante o período eugenista, houve a ascensão dos ideais nacionalistas. Como esse movimento coincidia com o contexto do governo populista de Getúlio Vargas, eram comuns as realizações de inflamados discursos em praças públicas por parte desse presidente, que não hesitava em valorizar a pátria que comandava. Também eram recorrentes as demonstrações de ginástica em imponentes desfiles cívicos pelas grandes cidades brasileiras, inclusive em estádios de futebol, como o Pacaembu, em São Paulo, e o São Januário, no Rio de Janeiro – desfiles que muito se assemelhavam aos proporcionados pelos regimes nazista, na Alemanha, e fascista, na Itália. Além desses discursos, defendia-se em publicações da época que era muito importante ser um bom brasileiro e cuidar da saúde, para que as futuras gerações fossem protegidas.

Para você compreender melhor essa concepção, observe a seguir um trecho do primeiro *Boletim de Eugenia*[2], que evidencia de que maneira o tema era tratado e de que forma os ideais propagados pelos defensores do eugenismo no Brasil se aproximavam do regime nazista.

> E' pois de importancia decisiva para a criança o como estão formadas as massas de herança que recebeu do pae e da mãe. São estas de boa qualidade, teremos um homem bem dotado e biologicamente "bem nascido"; se, ao contrário, forem más, o indivíduo será mal dotado ou '"degenerado". [...] É-nos impossível fazer de um idiota, que herdou sua debilidade mental (e elles são numerosos), um homem normal, ainda quando pudessemos dar-lhe a melhor instrucção e educação. (Lundborg, citado por Instituto..., 1929a, p. 4)

A importância dos médicos continuava em alta no Brasil da época. Houve, a partir da década de 1920, um crescimento da parcela da população que acreditava na eficácia das políticas de eugenia. Nesse sentido, os médicos continuaram sendo considerados os grandes responsáveis pelo sucesso do país, como pode ser visto no seguinte trecho do *Boletim de Eugenia*:

---

[2] Na transcrição dos trechos extraídos dos números selecionados do *Boletim de Eugenia*, manteve-se a ortografia original.

> O número elevado de médicos num país é índice de seu progresso. Tanto mais adiantado, tanto maior a classe dos esculápios, – classe esta que é, pelo número, pela sua natureza e função, de maior importância para a vida de qualquer nação civilizada. Os médicos constituem os expoentes mais influentes e incisivos das classes liberais, porque sua ciência-arte repousa sobre a biologia. (Instituto..., 1929b, p. 1)

Para termos uma ideia de como a política com ideais eugênicos estava consolidada e exposta naturalmente na época, podemos consultar a Constituição do ano de 1934 (Brasil, 1934), a qual, em seu art. 138, define que estimular a educação eugênica cabia à União, aos estados e aos municípios. Também podemos visitar novamente o *Boletim de Eugenia* de abril de 1929, que, por meio das palavras de seu editor e um dos maiores defensores dessa ideologia no Brasil, Renato Kehl, apresenta claramente o objetivo do movimento:

> cooperar para o aumento progressivo dos homens physica, psychica e moralmente sadios; para a diminuição paulatina do contingente dos fracos, doentes e degenerados, – concorrendo, desse modo, para a constituição, de uma **sociedade** mais sã, mais moralizada, em suma, uma **humanidade** equilibrada, composta de indivíduos fortes e belos, elementos de paz e de trabalho. (Kehl, citado por Instituto..., 1929c, p. 1, grifo do original)

O ideal descrito nesse trecho revela a crença de que, ao se curarem as mazelas físicas e biológicas dos indivíduos fracos e ao se impedir que eles se multiplicassem, seria possível a criação de uma sociedade, além de biologicamente superior, moralmente desenvolvida.

O eugenismo pode ser considerado um desmembramento do movimento higienista, formado por uma espécie de grupo de higienistas mais radical. Estes, além de incentivarem práticas de higiene, defendiam que seria necessária uma segregação de pessoas consideradas incapazes de gerar descendentes fortes e sem deficiências – característica que era vista como um mal a ser extirpado. Assim, os eugenistas entendiam que a higiene e a eugenia eram ciências irmãs e que deveriam trabalhar juntas para o fortalecimento do povo.

O eugenismo encontrou ecos na disciplina de Educação Física, e os periódicos especializados da época passaram a veicular reportagens que pregavam a importância de se manterem apenas os bons genes para a reprodução da "raça brasileira", propósito que seria beneficiado pela ginástica. Segundo Gois Junior e Garcia (2011), os periódicos da área também utilizavam grande parte dos ideais eugênicos para enfatizar a relevância da participação da própria educação física no processo de regeneração da "raça brasileira". Desse modo, como instrumento de legitimação, a área associava-se deliberadamente aos discursos científicos e a um ideal muito próximo do corpo como máquina. Este último aspecto, no entanto, não parece ter sido completamente abandonado na atualidade.

Também foi intensificada, nesse período, a grande valorização dos atletas esportivos. O *Boletim de Eugenia* também publicou, em sua edição de agosto de 1929, uma nota sobre dois atletas finlandeses que haviam conquistado a possibilidade de empréstimo financeiro nos bancos dos Estados Unidos para seu país depois de quebrarem recordes esportivos no país americano. Os banqueiros estadunidenses, sabendo desse fato, defenderam que um país capaz de produzir dois espécimes tão valiosos não faltaria com o dever de pagar seus débitos (Instituto..., 1929d).

Na edição de outubro do mesmo ano, foi divulgada uma reportagem sobre o suposto talento hereditário de uma família de jóqueis[3] (Instituto..., 1929e). Vale salientar que a estatura e o peso realmente são aspectos ligados à hereditariedade, porém não o talento.

Podemos perceber, então, a grande diferença entre as perspectivas higienista e eugenista, apesar de alguns de seus pressupostos terem se mostrado bastante próximos. Enquanto a primeira insistia no treinamento físico como forma de evolução da população, a segunda o tratava apenas como forma de minimizar os malefícios de uma população de genética fraca e potencializar as boas características daqueles tidos como bem-nascidos.

3.3 As influências militares no Brasil

Com o surgimento do período denominado *Estado Novo* (décadas de 1930 e 1940), que tinha como principal representante Getúlio Vargas, intensificou-se no Brasil a valorização do nacionalismo e do patriotismo, e a ordem cívica passou a ser o maior objetivo do novo país que se erguia. Iniciava-se um modelo de governo ufanista, isto é, pronto para exaltar suas características e seus progressos. Esse processo também acarretou um gradual aumento de centralização de poder estatal. Com plenos poderes, o governo federal encabeçado por Vargas, que havia sido eleito em 1934, aliou-se às hierarquias militares e construiu um modelo de comando ditatorial – em 1937, ele empreendeu um golpe político, evitando que eleições diretas fossem realizadas no ano de 1938. A justificativa dada era a de que isso afastaria o "perigo comunista" que surgia no Brasil a partir da efervescência de alguns grupos políticos. Desse momento em diante, Vargas suspendeu os direitos políticos dos cidadãos, e os partidos e as organizações civis foram abolidos. Além

---

[3] Atletas responsáveis pela montagem e condução dos cavalos em corridas de turfe.

disso, foi decretado o fim do Congresso Nacional, das Assembleias Legislativas e das Câmaras Municipais (Brasil, 2008).

Essas decisões encontravam respaldo nas instituições militares, as quais, segundo Castellani Filho (2013, p. 28), "se mostraram mais influenciadas pela filosofia positivista e pelos ideais de progresso calcados na ordem social". Assim, violentas repressões foram feitas àqueles que se mostrassem contrários ao governo. Revolucionários eram presos, torturados e, muitas vezes, assassinados pelas forças militares do governo.

O exemplo mais famoso dessa repressão foi o caso ocorrido com Olga Benário, uma militante alemã, de origem judia, que se casou com Luís Carlos Prestes, líder comunista brasileiro. Benário veio ao Brasil junto com Prestes a fim de levantar uma revolução comunista e antifascista no país. Os planos revolucionários falharam e Olga, mesmo grávida de Prestes, foi presa e deportada para a Alemanha – como um presente de Vargas a Hitler –, onde morreu nos campos de concentração nazistas anos depois. Tal episódio demonstra como o governo de Vargas tinha fortes aproximações com os ideais e o governo de Hitler. Além disso, esse evento aponta que podemos considerar a posterior aliança com os Estados Unidos, já nos episódios derradeiros da Segunda Guerra Mundial, apenas como uma oportunidade política de se livrar de possíveis represálias norte-americanas.

A segunda gestão de Vargas terminou com seu suicídio, em 1954, e seu vice, Café Filho, precisou assumir a presidência até 1955. Até o estabelecimento do período militar, houve um período meio instável na presidência, no qual podemos destacar três nomes: Juscelino Kubitschek (1956-1961), Jânio Quadros (1961) e João Goulart (1961-1964). Após a renúncia de Jânio Quadros, em 1961, Goulart assumiu o cargo de presidente. No entanto, foi deposto pelo golpe militar de 1964.

Iniciou-se, assim, o período considerado sombrio na história brasileira: a ditadura militar. Uma das medidas tomadas pelos militares no poder foi decretar um ato institucional autorizando a perseguição daqueles considerados inimigos do regime, o Ato Institucional n. 5 (AI-5), de 13 de dezembro de 1968 (Brasil, 1968). O art. 4º do AI-5 assim estabeleceu:

> Art. 4º No interesse de preservar a Revolução, o Presidente da República, ouvido o Conselho de Segurança Nacional, e sem as limitações previstas na Constituição, poderá suspender os direitos políticos de quaisquer cidadãos pelo prazo de 10 anos e cassar mandatos eletivos federais, estaduais e municipais. (Brasil, 1968)

Dessa maneira, o texto legal conferiu poder irrestrito ao presidente, que, amparado por lei, poderia manter reprimidas quaisquer atividades contrárias ao governo. Entre as medidas possíveis contra as pessoas que proclamassem oposição ao governo, estavam: suspensão do direito de votar e de ser votado nas eleições sindicais; proibição de atividades e manifestações referentes a assuntos políticos; e aplicação, quando necessária, das seguintes medidas de segurança: liberdade vigiada, proibição de frequentar determinados lugares e domicílio determinado.

Entretanto, o que ocorria nos bastidores era mais grave do que o registrado oficialmente. O governo utilizava as mais variadas formas de tortura com pessoas que, de algum modo, levantassem voz contra o poder estabelecido. É válido ressaltar que foram registradas inúmeras mortes e desaparecimentos não esclarecidos no período. Alguns artistas brasileiros que usavam sua arte para criticar o governo, como Gilberto Gil, Caetano Veloso e Rita Lee, foram exilados, já que havia receio por parte dos militares de que outras soluções contra essas figuras públicas provocassem uma revolta popular de dimensões elevadas.

Em meio ao conhecido cenário de censura, houve também o chamado *milagre econômico* (1964-1973). Nesse mesmo período, entretanto, houve a crise do petróleo, que evidenciou que o crescimento econômico estava alicerçado em bases frágeis.

Durante todo o governo militar, os estudantes universitários se mostraram muito atuantes em manifestações, sendo os responsáveis pela Passeata dos Cem Mil na cidade do Rio de Janeiro, em 1968. Após essa manifestação, muitas outras ocorreram pelas grandes cidades brasileiras nos anos subsequentes. Contudo, tais levantes tiveram impactos lentos, e apenas em 1985 um não militar foi eleito pelo colégio eleitoral para a presidência da República: Tancredo Neves. No entanto, antes mesmo de assumir, Tancredo faleceu em decorrência de problemas de saúde, deixando o cargo para o vice-presidente eleito, José Sarney. Com isso, o período de 21 anos de ditadura militar no Brasil chegou ao fim (Gaspari, 2016).

3.3.1 A educação física militarista

Apresentada a contextualização histórica do período, podemos voltar ao nosso interesse específico: a educação física. No período militarista, permaneceram os ideais eugenistas e higienistas, mas o principal fator ligado à educação física era o nacionalismo. Reforçando as ideias que já expusemos, Castellani Filho (2013, p. 30) explica que

> a Educação Física no Brasil, desde o século XIX, foi entendida como um elemento de extrema importância para o forjar daquele indivíduo "forte", "saudável", indispensável à implementação do processo de desenvolvimento do país que, saindo de sua condição de colônia portuguesa, no início da segunda década daquele século, buscava construir seu próprio modo de vida. (Castellani Filho, 2013, p. 30)

Antes mesmo do período militar, foi estabelecida uma clara relação entre a educação física e a educação cívica, sendo que, ao ser educada a juventude brasileira durante o governo de Getúlio Vargas, observava-se uma enorme aproximação com os regimes totalitários de Mussolini e Hitler. O ensino dessas duas áreas somava-se ao da educação moral, e todas se consolidaram como fundamentos básicos para a formação de crianças e jovens. No caso da disciplina de Educação Física, esta deveria ser ministrada de acordo com as condições de cada gênero e ter como objetivo a preparação para esforços continuados e a construção de um corpo saudável, ágil e harmonioso, que pudesse defender a pátria a qualquer momento.

Para termos uma ideia de como esses saberes eram valorizados, é importante termos em mente que os currículos escolares da época foram, aos poucos, substituindo as aulas de Filosofia e Sociologia, em decorrência da inclusão de mais horários dispensados ao ensino de disciplinas como Moral e Cívica, Organização Social e Política do Brasil e da própria Educação Física. Pelo Plano Nacional da Educação de 1937, ficou acordado que essa disciplina seria obrigatória no ensino primário e no ensino secundário e a educação cívica deveria estar presente em todos os níveis de ensino. Era uma esmagadora substituição de um ensino pedagógico por um ensino de ordem técnica e profissionalizante – muito útil para fazer girar o sistema industrial.

Segundo Castellani Filho (2013), a preocupação com a capacidade física era tão grande que, ainda influenciados por questões de eugenia, governantes e intelectuais brasileiros defendiam ideias como a de que não deveriam ser aceitos nas escolas alunos que não tivessem condições físicas e de saúde para participar das aulas de Educação Física. Sob a mesma ótica, em 1939, foi criada a Escola Nacional de Educação Física e Desportos (ENEFD), na Universidade do Brasil, que só fora precedida pela Escola de Educação Física do Exército (EsEFEx) – instituição que, no início, era destinada somente à formação militar.

A participação da mulher em atividades esportivas e nas aulas de Educação Física ainda estava pautada nos ideais higiênicos e eugênicos, mantendo-se como principal preocupação a de que seus corpos fossem capazes de gerar bons descendentes. Foi seguindo esses parâmetros que, em 1941, ocorreu a inclusão de orientações específicas para a prática feminina de atividades físicas, por meio do Decreto-Lei n. 3.199, de 14 de abril de 1941, que estabeleceu, em seu art. 54: "Às mulheres não se permitirá a prática de desportos incompatíveis com as condições de sua natureza, devendo, para este efeito, o Conselho Nacional de Desportos baixar as necessárias instruções às entidades desportivas do país" (Brasil, 1941).

O processo foi longo, mas, em 1965, o Conselho Nacional de Desportos (CND) aderiu às regulamentações e proibiu a participação das mulheres em esportes como futebol, *rugby*, polo aquático e lutas em geral, já que se considerava que tais modalidades eram violentas, poderiam prejudicar o ventre das mulheres e, ainda, masculinizá-las. Isso era visto como algo bastante prejudicial aos objetivos da pátria, haja vista que as mulheres deveriam parir homens aptos a se tornarem bons soldados e mulheres saudáveis para continuar o processo de descendência. Apesar de o texto legal não poder ser considerado uma resolução que impediu por completo a prática feminina nesses esportes, já que esta continuava a existir em ambientes informais, podemos afirmar que ele atrasou o desenvolvimento de competições regulamentadas e, consequentemente, a profissionalização e valorização de atletas – visto que o documento foi revogado apenas em 1979.

Em paralelo a essas preocupações, a realização de grandes manifestações públicas para celebrar os valores da pátria estava cada vez mais popular, assim como a construção de grandes estruturas para propagar o orgulho nacional por meio de eventos esportivos – cujo maior exemplo foi o estádio municipal Mário Rodrigues Filho, popularmente chamado de *Maracanã*.

Nesse sentido, deixou-se de lado a obsessão por seguir os passos do desenvolvimento cultural europeu e passou-se a valorizar aspectos que eram defendidos como característicos do povo brasileiro, como a ginga e a malandragem – que tinham na figura de Garrincha, lendário jogador brasileiro de futebol, seu mais bem delineado exemplo. Essa valorização também foi ressaltada por cronistas como Nelson Rodrigues e José Lins do Rego, que se tornaram grandes nomes da literatura nacional a partir da publicação de textos diários relacionados à prática de esportes, principalmente o futebol.

Apesar dos problemas provenientes do período militar, houve alguns pontos positivos para a disciplina de Educação Física, como sua regulamentação em todos os níveis de ensino e a preocupação com a formação dos professores. Entretanto, ao mesmo tempo, a disciplina ficou atrelada quase exclusivamente à prática de esportes. Disseminava-se a ideia de prática pela prática, o que, consequentemente, gerava uma clara divisão entre alunos aptos e não aptos, habilidosos e não habilidosos. A educação física, nessas condições, foi considerada posteriormente por alguns críticos como um instrumento alienante, haja vista que as atividades lúdicas e desportivas eram, muitas vezes, tratadas como forma de controlar as tentativas de articulação política de jovens ou operários.

O esporte de alto rendimento também foi utilizado com o propósito de alienação (ao menos, era o que pregavam os opositores do regime) – um exemplo é a campanha brasileira na Copa do Mundo de Futebol de 1970. À época, o governo militar vinculou deliberadamente sua imagem à da seleção – que terminou sua participação com o título mundial no México –, na tentativa de enfatizar que a vitória esportiva representava também o sucesso do regime. Data dessa época a famosa canção "Pra frente, Brasil", cujos versos ainda permanecem gravados na memória de muitos torcedores que acompanharam a conquista do tricampeonato mundial e mesmo de pessoas que só vieram a conhecer essa história muito tempo depois.

O governante da época era Emílio Garrastazu Médici, que se autoproclamava um apaixonado por futebol. Nesse período, o *slogan* "Ninguém segura este país" foi utilizado com frequência, e Médici tentou influenciar até a escalação da seleção brasileira. Acredita-se que foi por essa razão que o técnico João Saldanha foi substituído por Mário Zagallo no comando técnico da seleção pouco antes do mundial. O primeiro, que também era militante comunista, não estava disposto a seguir ordens na formatação de sua equipe. O estopim dessa disputa foi a recusa de Saldanha em convocar o atacante Dário, mais conhecido como Dadá Maravilha. Médici reclamou publicamente da ausência do jogador, o que supostamente levou Saldanha a dizer que o presidente deveria cuidar dos ministérios, enquanto ele tomava conta da seleção – o técnico, que tinha ótimos resultados no treinamento da seleção, acabou demitido. Após a conquista do mundial, o General Médici recebeu os atletas e a comissão técnica em Brasília e lhes deu várias condecorações. Além disso, decretou dois dias de ponto facultativo no país, afirmando que os brasileiros mereciam um carnaval extra (Hoje..., 1970, p. 1).

Nesse sentido, é possível afirmar que o vínculo forte entre educação física e esporte teve seu auge durante a década de 1970. No entanto, a área perdeu parcialmente esse caráter durante a década de 1980 e foi revista e reestruturada a partir da década de 1990.

Com a redemocratização da sociedade brasileira, a educação física também se abriu a novos temas, a novas possibilidades teóricas e a novos campos de atuação profissional, a exemplo das atividades em academias de ginástica, de preparação física e de recreação em eventos empresariais. Nas escolas, ressaltamos o papel da obra *Metodologia do ensino de educação física*, popularmente chamada de *Coletivo de autores* (Castellani Filho et al., 1992), que influenciou uma geração e trouxe um tom crítico à disciplina de Educação Física.

⦀ Síntese

Neste capítulo, buscamos demonstrar como a disciplina de Educação Física foi influenciada por concepções pedagógicas e sociais que predominaram no Brasil entre o fim do século XIX e a década de 1970. Vale salientar que, ao mesmo tempo que era influenciada por essas concepções, a própria disciplina atuou na manutenção destas.

A seguir, apresentamos um quadro-síntese com os conteúdos abordados neste capítulo.

Quadro 3.1 Síntese do Capítulo 3

Concepção	Período de predominância	Principais características
Higienista	Fim do século XIX e início do século XX	▪ Controle do corpo – que deveria ser saudável, robusto e harmonioso. ▪ Atividade física vista como fundamental para a prevenção de doenças. ▪ Predominância de atividades ginásticas. ▪ Roupas mais leves. ▪ Mulheres mais presentes na vida pública.
Eugenista	Décadas de 1930 e 1940	▪ Enrijecimento dos corpos para gerar bons descendentes. ▪ Imagem da mulher atrelada ao papel de mãe. ▪ Valorização dos atletas. ▪ Imponentes demonstrações ginásticas em praças públicas. ▪ Disciplina de Educação Física como fator importante para o fortalecimento do exército.

(continua)

(Quadro 3.1 – conclusão)

Concepção	Período de predominância	Principais características
Militarista	Décadas de 1960 e 1970	▪ Nacionalismo. ▪ Estreita relação entre educação física e educação cívica. ▪ Disciplina de Educação Física como componente obrigatório no ensino primário e no ensino secundário. ▪ Decreto-Lei n. 3.199/1941: proibição da participação feminina em algumas modalidades esportivas. ▪ Construção de grandes estruturas esportivas, como o Maracanã. ▪ Educação física como sinônimo de esportes.

É válido ressaltar que o surgimento de uma concepção não fez as demais serem extintas. Apesar de cada concepção ter predominado em determinado período, havia elementos em comum que se mantiveram influentes – alguns, aliás, ainda estão presentes na atualidade, como a valorização do exercício físico para a manutenção da saúde e a construção de uma população forte e o enaltecimento dos atletas esportivos, principalmente ao representarem a pátria.

▌▌▌ Indicações culturais

Livros

AZEVEDO, A. **O cortiço**. São Paulo: Penguin & Companhia das Letras, 2016.

Essa obra clássica, do renomado escritor brasileiro Aluísio Azevedo, traz um panorama de como se encontrava o Rio de Janeiro durante o processo de transição do regime monárquico para o republicano. Sua narrativa revela as péssimas condições em que viviam as classes menos favorecidas na época, cujos indivíduos se acumulavam em grandes casarões sem estrutura sanitária – situação que levou às medidas de vacinação e evacuação durante o início da influência higienista no país, mencionadas neste capítulo.

COHEN-SCALI, S. **Max**. Tradução de Rosane Albert. São Paulo: Jangada, 2016.

A história do menino Max retrata os ideais e as ferramentas eugênicas, bem como o contexto histórico em que esse movimento atingiu sua forma mais radical e trágica: a Alemanha nazista. De maneira envolvente e perturbadora, Sarah Cohen-Scali aborda acontecimentos, baseados em fatos reais, relacionados à criação de crianças perfeitas, algo idealizado por Adolf Hitler e seus seguidores. Durante o auge do regime nazista, foram criadas escolas para a formação de crianças consideradas representantes da raça pura e também complexos nos quais fertilizações entre homens e mulheres comprovadamente arianos eram realizadas. Os bebês nascidos dessa combinação se tornavam propriedade do governo – projeto que ficou conhecido como *Lebensborn*.

Filmes

GETÚLIO. Direção: João Jardim. Brasil: Copacabana Filmes, 2014. 100 min.

Esse filme retrata a história dos últimos dias de Getúlio Vargas como presidente do Brasil. O longa-metragem traduz o ambiente político em que se encontrava o líder do maior governo populista que o Brasil já teve – governo responsável pela grande aproximação dos ideais eugênicos e de nacionalismo expostos neste capítulo.

O ANO em que meus pais saíram de férias. Direção: Cao Hamburger. Brasil: Buena Vista International, 2006. 105 min.

O filme retrata os anos 1970 e constrói a história de Mauro, um menino mineiro que vai morar com um senhor de origem judaica depois de seus pais fugirem em decorrência da perseguição política do regime militar. O menino acredita que eles apenas saíram em período de férias. Mas, o que gostaríamos de ressaltar nessa produção é a importância dada pela população à disputa da Copa do Mundo daquele ano.

O CAMPEÃO de Hitler. Direção: Uwe Boll. Alemanha: Entertainment One, 2010. 123 min.

O filme conta a história de Max Schmeling, um boxeador alemão que venceu o lendário Joe Louis nos Estados Unidos, em 1936, consagrando-se campeão mundial. Com a vitória surpreendente, o governo nazista alemão passou a utilizar sua imagem como propaganda da suposta superioridade da raça ariana. Entretanto, Schmeling nunca concordou com o regime. Após outra luta com Louis, em 1938, na qual o atleta alemão foi derrotado, as autoridades germânicas entenderam que seu nome não deveria mais ser lembrado.

Schmeling usou sua boa condição financeira, proporcionada pelos anos de sucesso no boxe, para ajudar judeus a escapar do país – contudo, acabou sendo mandado para a guerra como soldado nazista. A esperança do governo era que ele morresse no *front* e deixasse de ser um problema, mas ele sobreviveu a várias batalhas e morreu apenas aos 99 anos, em 2005. Esse filme é um bom meio para que você possa visualizar como o esporte pode se vincular a interesses políticos.

O QUE É isso, companheiro? Direção: Bruno Barreto. Brasil: Columbia TriStar Filmes do Brasil, 1997. 110 min.

Esse longa-metragem brasileiro narra acontecimentos ocorridos durante a luta armada entre guerrilhas de esquerda e as forças do governo militar ao final da década de 1960. Para negociar a libertação de companheiros que haviam sido feitos prisioneiros pelo regime, um jornalista arquiteta o sequestro do embaixador norte-americano no Brasil, Charles Burke Elbrick. O filme pode ser uma importante ferramenta para que você visualize o complexo contexto no qual se encontrava o país naquele momento. Nesse período, a disciplina de Educação Física servia aos ideais do regime de governo.

■ **Atividades de autoavaliação**

1. A intervenção higienista no Brasil levou a uma grande valorização da educação física, principalmente na transição do século XIX para o século XX. Nesse contexto, os exercícios vistos como adequados eram:

   a) iguais para homens e mulheres, haja vista que os médicos consideravam a anatomia de ambos muito similares.

   b) diferentes para homens e mulheres, pois o principal objetivo do movimento higienista era a formação de um exército forte – e o alistamento não era permitido às mulheres.

   c) iguais para homens e mulheres, visto que foi nesse período que se iniciou o debate sobre a necessidade de equidade de direitos entre os gêneros.

   d) diferentes para homens e mulheres, pois se acreditava que atividades que exigissem muito vigor físico eram prejudiciais ao ventre feminino e poderiam afetar o cumprimento do principal dever das mulheres na época: a geração de filhos sadios e fortes.

   e) diferentes para homens e mulheres, visto que estas não possuíam roupas adequadas para a prática de algumas atividades.

2. Sobre a concepção de educação física higienista no Brasil, marque a única alternativa **incorreta**:

   a) Era pautada na ideia de que exercícios físicos bem direcionados poderiam, juntamente com medidas sanitárias e de vacinação, curar a população brasileira e, assim, formar uma nação forte.

   b) Apresentava fundamentos atrelados aos ideais de civilização importados de cidades europeias desenvolvidas.

   c) Era baseada no princípio de que a fraqueza e as doenças da população brasileira eram naturais.

d) Tinha como um de seus principais interesses o fortalecimento físico dos trabalhadores, a fim de que eles rendessem mais nas indústrias.
e) A ginástica era sua principal atividade.

3. A política eugênica no Brasil encontrou ecos na educação física, inclusive a partir da defesa dos ideais eugênicos em revistas especializadas da área. Com relação ao movimento eugênico, assinale a única alternativa **incorreta**:

a) A partir do entendimento de parcela dos médicos higienistas, a política eugênica trouxe a ideia de que era necessária uma seleção entre os indivíduos brasileiros, a fim de que se sobressaíssem apenas os fortes e os de adequada carga hereditária.
b) Teve suas raízes nos pressupostos de transmissão hereditária de inteligência e boas características morais, defendidos por Francis Galton.
c) Apresentava preocupação em relação à imigração de populações não brancas para o Brasil, assemelhando-se, de certa forma, às políticas de segregação radicais levadas a cabo em alguns países europeus, principalmente na Itália e na Alemanha.
d) Manteve a mulher atrelada quase exclusivamente ao papel de mãe.
e) Rompeu definitivamente com a antiga concepção higiênica de que a prática física deveria ser utilizada como ferramenta para o fortalecimento da nação.

4. Com relação ao período da educação física que ficou conhecido como *militarista*, marque V para as alternativas verdadeiras e F para falsas:

( ) Valores como coragem, disciplina e heroísmo eram destacados.

( ) O nacionalismo era amplamente enfatizado e valorizado.
( ) Predominou principalmente durante as décadas de 1960 e 1970.
( ) Houve grande preocupação por parte dos professores em incentivar o pensamento crítico nos alunos.
( ) O professor de Educação Física foi bastante desvalorizado a partir desse período.

Agora, assinale a alternativa que apresenta a sequência correta:

a) V, V, V, F, F.
b) V, F, F, V, F.
c) F, V, V, F, V.
d) F, F, V, F, F.
e) V, F, V, V, F.

5. Analise as assertivas a seguir e identifique aquelas que correspondem à aplicação do esporte durante o período da educação física militarista no Brasil:

I. Os esportes eram vistos como uma maneira de aliviar as tensões causadas pelo trabalho.
II. Os esportes eram bastante valorizados e praticamente o único conteúdo abordado nas aulas de Educação Física.
III. Os esportes eram empregados como ferramentas para a educação integral do homem e a emancipação cidadã.
IV. Os esportes eram ensinados com grande ênfase técnica.
V. Os esportes eram negligenciados pelos professores.

Agora, assinale a alternativa correta:

a) I, II e IV.
b) I, III e V.
c) II e IV.
d) II e V.
e) IV e V.

■ Atividades de aprendizagem

Questões para reflexão

1. De forma objetiva, discorra sobre a importância dada à atividade física durante o período higienista no Brasil.

2. Destaque os pontos de continuidade entre as concepções higienista e eugenista no Brasil, assim como a principal mudança de uma para a outra.

3. Disserte sobre como o esporte, em algumas ocasiões, foi utilizado como forma de propaganda política durante o período militar.

Atividade aplicada: prática

1. Faça uma resenha do filme *O ano em que meus pais saíram de férias* salientando os aspectos políticos e esportivos brasileiros durante a Copa do Mundo de Futebol de 1970.

    O ANO em que meus pais saíram de férias. Direção: Cao Hamburger. Brasil: Buena Vista International, 2006. 105 min.

Capítulo 4

Os conceitos de *jogo* e *esporte* e o futebol brasileiro

Neste capítulo, apresentaremos uma discussão sobre os conceitos de *jogo* e *esporte* – suas similaridades e diferenças. Descreveremos o transcurso dos esportes desde seu surgimento, na Inglaterra, em meados do século XIX, bem como algumas especificidades brasileiras. Também abordaremos o futebol nacional, sua disseminação e popularização, atentando para suas fases de amadorismo, semiprofissionalismo, profissionalismo e espetacularização.

4.1 O conceito de *jogo*

Johan Huizinga (2014), em sua clássica obra *Homo ludens*, publicada originalmente no ano de 1938, lançou as bases para a definição de *jogo*, costumeiramente seguida até os dias de hoje. Como visto anteriormente, segundo o autor, mais do que *Homo sapiens* (seres pensantes), devemos ser considerados *Homo ludens* (seres que brincam).

Huizinga (2014) defende que a presença do lúdico é tão natural que até mesmo os primeiros hominídeos já brincavam de alguma forma, inclusive nas atividades de caça. O autor também afirma que basicamente todas as culturas se assentam a partir da presença lúdica em elementos como lógica, escultura e música e, ainda, que o jogo é uma forma refinada das atividades lúdicas e característica amplamente presente desde os primeiros meses da vida de uma criança, a qual, progressivamente, desenvolve fortemente a capacidade de abstração do real para se aventurar nos jogos criados.

Tente resgatar em sua memória lembranças de sua infância. Ao fazer isso, provavelmente você se recordará de vários momentos em que o jogo assumiu grande importância em sua vida. Podemos perceber isso também ao observarmos um grupo de crianças brincando: elas ficam tão absortas nos esquemas próprios do jogo inventado por elas, ou com a definição e o esclarecimento de algumas regras prévias, que se esquecem do mundo a sua volta. Essa capacidade de abstração da vida real proporcionada pelo jogo é o que lhe garante a participação entusiasmada das crianças (Lucena, 1998).

Mesmo na fase adulta, não obstante a seriedade da vida já ter se sobreposto ao caráter lúdico em muitas ocasiões, o prazer de jogar continua o mesmo, até porque, dentro da própria prática do jogo, existe uma seriedade tácita acordada pelos participantes.

Basta olharmos mais uma vez para as crianças jogando: apesar do evidente divertimento, elas, muitas vezes, mantêm expressões concentradas, discutem para validar pontos ou vitórias e valorizam muito os resultados. Porém, todas elas sabem que a vida voltará ao normal assim que o jogo acabar.

No universo infantil do faz de conta, as crianças fingem ser outras pessoas, escolhem profissões e se imaginam em muitas situações, principalmente de perigo. A capacidade de fingir emoções como medo, angústia ou alegria é possível porque elas são conscientes da efemeridade do momento (Elias, 1992). No caso do conhecido jogo polícia e ladrão, por exemplo, as crianças aceitam brincar por saberem que a situação criada tem apenas o intuito de imitar a realidade. Em outras palavras, elas têm consciência de que, ao se cansarem do jogo, poderão voltar a ser elas mesmas sem problema algum. Entretanto, mesmo dentro dessa realidade fictícia, há certo desconforto em representar o ladrão, e geralmente todas as crianças preferem fazer o papel de policial, já que esse é o responsável por agir a favor do bem e da ordem. Assim, muitas vezes, elas combinam entre si que todas terão, em algum momento do jogo, a oportunidade de representar a polícia.

> *O jogo é uma atividade ou ocupação voluntária, exercida dentro de certos e determinados limites de tempo e de espaço, segundo regras livremente consentidas, mas absolutamente obrigatórias, dotado de um fim em si mesmo, acompanhado de um sentimento de tensão e de alegria e de uma consciência de ser diferente da "vida quotidiana".* (Huizinga, 2014, p. 33)

Esse misto de **tensão** e **alegria** parece ser a característica mais presente nos jogos, haja vista que a sensação de compromisso com as regras e a vontade de vencer somam-se ao entendimento de que a seriedade do momento se constitui em uma escolha. Esse estresse não obrigatório escapa da lógica que guia as tensões cotidianas, mas isso não significa que os ganhos nesses jogos não sejam reais, pois vitórias, mesmo nas atividades lúdicas mais simples, geram satisfação, tanto para o indivíduo quanto para um grupo ao qual ele possa eventualmente pertencer. A superioridade garantida no jogo não raramente é sentida como se fosse válida em outras esferas. Nesse sentido, as crianças que geralmente apresentam boa capacidade para solucionar problemas dentro de determinado jogo ganham notoriedade e passam a ser tratadas como líderes.

A **incerteza** também é uma característica presente nas diferentes formas de jogos. Os participantes se lançam para dentro do universo lúdico com a sensação de que nada está garantido. Teoricamente, tudo pode acontecer, e essa expectativa promove emoções antes, durante e depois das disputas, já que "a essência do espírito lúdico é ousar, correr riscos, suportar a incerteza e a tensão. A tensão aumenta a importância do jogo, e esta intensificação permite ao jogador esquecer que está apenas jogando" (Huizinga, 2014, p. 59). Esse "esquecer" torna o jogo verdadeiramente importante, sendo que o desejo de ganhar, na maioria das vezes, é o que prevalece nos movimentos e nas atitudes dos participantes, apesar de todo o prazer proporcionado pelo simples fato de se estar brincando. É como se, inconscientemente, entrassem em perspectiva os sentimentos de honra e glória conquistados por meio da vitória, mesmo que ganhos concretos em valores monetários ou bens materiais não estejam em disputa, pois "queremos a satisfação de ter realizado alguma coisa corretamente" (Huizinga, 2014, p. 72).

Roger Caillois (1913-1978) foi outro teórico que problematizou a presença do jogo na vida dos homens. Assim como Huizinga, Caillois (1990) também defende que o lúdico se encontra presente em várias esferas da sociedade, atuando como elemento constituinte de culturas e comunidades. O autor também concorda que a definição de *jogo* se baseia na criação de regras que devem ser fielmente seguidas pelos participantes, embora enfatize que eles podem modificá-las, em comum acordo, durante a realização das atividades. Existe, nesse sentido, um misto entre limite e liberdade.

Entretanto, Caillois (1990) foi além da teorização da prática dos jogos ao classificá-los em quatro categorias:

1. **Agôn**: Representa as atividades eminentemente competitivas, por meio das quais inicialmente se buscam condições de igualdade entre os participantes. Essa igualdade inicial é necessária para que, no decorrer do jogo, aquele que estiver mais bem preparado prevaleça na disputa, sendo esta a característica mais presente nas modalidades esportivas, conforme apresentaremos mais adiante.

2. **Alea**: Caracteriza os jogos de azar, nos quais não há disputa de habilidades físicas, mentais ou de estratégia entre os participantes, já que invariavelmente é o acaso que define os vencedores, como nos jogos de bingo. Encontram-se também nessa categoria aqueles jogos em que não há adversários, como os caça-níqueis.

3. **Mimicry**: Reúne os jogos de representação, ou seja, aqueles nos quais os participantes se passam por personagens no intuito de criar outra realidade, o que é muito frequente nas brincadeiras infantis.

4. **Ilinx**: Agrupa os jogos nos quais se busca o desequilíbrio sensorial e momentâneo do corpo humano por uma espécie de transe proporcionado por atividades não comuns ao cotidiano. Nessa categoria, encontram-se tanto brincadeiras simples, como rodopiar até ficar tonto, quanto atividades radicais, como saltos de *bungee-jump*.

No Quadro 4.1, apresentamos, de forma resumida, essa divisão de Caillois (1990).

Quadro 4.1 Tipos de jogos

Categoria	Característica principal
Agôn	Atividades eminentemente competitivas.
Alea	Jogos de azar (o acaso define os vencedores)
Mimicry	Representação (criação de outra realidade).
Ilinx	Busca de desequilíbrio sensorial e momentâneo do corpo.

Fonte: Elaborado com base em Caillois, 1990.

Na sequência, o jogo foi sistematizado e regulamentado, tornando-se aquilo que chamamos atualmente de *esporte*. Na próxima seção, explicaremos detalhadamente essa transição.

4.2 O conceito de *esporte*

Existem muitos debates sobre o que deve ser considerado como esporte, conforme mostraremos nesta seção. No entanto, há uma delimitação quase consensual sobre sua gênese.

No século XVIII, em alguns países europeus – notadamente Inglaterra e França –, algumas modalidades de jogos eram utilizadas no intuito de complementar a educação de estudantes nos colégios. Na Inglaterra, eram bastante comuns, ainda antes de 1860, disputas de críquete, remo e tênis entre as universidades de Oxford e Cambridge. Nesse mesmo período, houve um vertiginoso crescimento da produção fabril na Europa, que substituiu a predominância de atividades como a manufatura e o artesanato.

A palavra inglesa *sport* já existia no século XVIII, mas como forma de representar as atividades aristocráticas realizadas no campo, como pesca e caça. Progressivamente, ela passou a ser relacionada também às disputas de remo e boxe, geralmente financiadas por empresários, mas estas ainda não apresentavam as características que constituem o modelo de esporte moderno (Melo, 2010a).

A elite comandou o processo da Primeira Revolução Industrial (1760-ca. 1840), que aconteceu inicialmente na Inglaterra. Foi durante esse período de desenvolvimento do modelo capitalista que surgiram os primeiros jogos regulamentados, principalmente entre os operários das inúmeras fábricas. A partir da Segunda Revolução Industrial (ca. 1850-1945), intensificaram-se as institucionalizações desses jogos. Hobsbawm (2014a, p. 365) aponta que "o futebol funcionava numa escala local e nacional ao mesmo tempo, de forma que o tópico das partidas do dia forneceria uma base comum para conversa entre praticamente qualquer par de operários do sexo masculino na Inglaterra ou Escócia".

O processo de industrialização das cidades levou a população a ficar cada vez mais reunida em grandes centros urbanos, o que favoreceu o crescimento de diferentes formas de relações sociais e a integração das classes mais baixas às atividades de lazer – antes reservadas apenas às elites. Nesse contexto, "As últimas três décadas do século XIX assinalam uma transformação decisiva na difusão de velhos esportes, na invenção de novos e na institucionalização da maioria, em escala nacional e até internacional" (Hobsbawm, 2014a, p. 375). Assim, podemos considerar esse como o momento decisivo de criação e assimilação do esporte moderno.

Esse período também marcou o início da integração feminina à vida pública, já que, por meio da iniciação esportiva quase contemporânea à dos homens, principalmente no tênis, as mulheres passaram a ser vistas para além das funções maternas ou de assistência aos pais, irmãos ou cônjuges. Entretanto, não podemos entender essa democratização do esporte como algo acabado nesse período, já que as classes mais altas continuaram a buscar formas de distinção por meio dele – como a insistência no amadorismo (para afastar os atletas que completavam sua renda com pequenos ganhos no futebol, por exemplo) e a prática de modalidades como golfe e tênis, que estavam distantes das condições econômicas dos populares.

A partir disso, o colonialismo inglês fez com que as atividades esportivas fossem apresentadas e espalhadas pelo mundo. Nesse sentido, as principais organizações responsáveis pela divulgação de novos esportes, décadas mais tarde, foram as Young Men's Christian Associations (YMCA). O convívio social era intenso nessas instituições e não tardou que elas passassem a utilizar o esporte nesse processo de divulgação, inclusive criando novas modalidades, como o voleibol e o basquetebol – este último surgido e praticado em algumas sucursais norte-americanas.

Tendo em vista o que foi apresentado até aqui, fica mais fácil perceber por que as atividades praticadas na Antiguidade Clássica não se encaixam na definição de esporte moderno. Para tornar essa distinção mais clara, apresentaremos a seguir alguns pontos delineados por **Norbert Elias** (1897-1990) para distinguir os esportes modernos das práticas físicas antigas.

Primeiramente, Elias (1992) pontua que algumas modalidades gregas e romanas de lutas permitiam um grau elevadíssimo de violência, não raro ocorrendo mortes entre participantes. Já o esporte moderno passou a controlar os riscos por meio de um conjunto de **regras escritas e revisadas**, as quais devem ser seguidas à risca para que um vencedor possa ser declarado. Nos jogos antigos, as regras eram inconstantes e, de certa forma, flexíveis – dependendo de quem estivesse controlando as disputas. Além disso, como não havia um tempo predeterminado, as lutas só se encerravam quando um dos atletas já não tinha mais condições de competir. A mudança das práticas esportivas antigas para as atuais passa muito pelo que se acredita ser tolerável nas diferentes formas de organização social. Assim, a partir do que Elias define como **processo civilizador**, modificam-se os costumes que cada sociedade considera como aceitáveis – e o esporte não escapa a essa lógica.

Outra diferença significativa está nas **categorias de disputa**. Antigamente, não havia preocupação nenhuma com a divisão de lutadores por peso, por exemplo. Já nas modalidades de combate do esporte moderno, busca-se constantemente a igualdade de condições entre os lutadores, a fim de que eles sejam agrupados por características físicas próximas e, assim, prevaleça o talento, a técnica ou a tática esportiva. Além disso, na atualidade, as formas de proteção física aumentaram em grande escala, já que é obrigatória a utilização de luvas para não machucar as mãos, assim como de algumas substâncias, como vaselina, para reduzir a probabilidade de cortes e sangramentos.

Existe, ainda, uma grande diferença de **objetivos** entre as práticas esportivas antigas e as modernas. Na tradição grega, as atividades atléticas eram feitas essencialmente em culto aos vários deuses exaltados pelo povo grego. Atualmente, o esporte é considerado laico – aliás, aplicam-se punições contra manifestações religiosas em grandes espetáculos esportivos.

Outro ponto destacado por Elias (1992) é a existência de **instituições** que diferenciam o esporte moderno. Cada modalidade esportiva apresenta regras regulamentadas por confederações internacionais, as quais devem ser seguidas também pelas federações e confederações nacionais e regionais, objetivando que o esporte seja praticado seguindo-se os mesmos preceitos no mundo inteiro. Isso permite que recordes e feitos sejam contabilizados – característica muito presente e valorizada. Assim, apesar de existirem registros de jogos com bola durante a Idade Média e mesmo em períodos anteriores, não há como relacionar aquelas atividades à prática do futebol, por exemplo, pois as regras para aquelas disputas geralmente eram acordadas entre os próprios participantes e variavam de região para região – aproximando-se mais do conceito de *jogo*.

Outra mudança importantíssima é que o esporte moderno criou a necessidade de serem construídos **espaços específicos** para suas práticas. Há uma enormidade de instalações pelo mundo todo que atendem às exigências de uma variada gama de modalidades. Em outras palavras, é como se o esporte desenvolvido no período posterior à Revolução Industrial tivesse criado sua própria área de atuação, a qual, apesar de incitar importantes relações políticas e econômicas com outras áreas, sustenta-se por si só e tem um público altamente fidelizado, que tem na esfera esportiva um dos fatores essenciais de sua convivência social.

Conforme é possível perceber, o esporte na contemporaneidade reveste-se de uma ampla importância, tanto para atletas, dirigentes e técnicos quanto para espectadores. Muitos destes, além de consumidores fiéis do esporte de alto rendimento, também praticam modalidades esportivas e as levam muito a sério – apesar de, geralmente, não terem conquistas concretas.

Nesse sentido, podemos vislumbrar o seguinte exemplo:

> Um funcionário adquire um poder simbólico na empresa em que trabalha graças à sua expressiva e reconhecida ajuda técnica nas "peladas" semanais de futebol entre os empregados. Esse poder pode ser maximizado pela possível presença do chefe nessas disputas, pois este pode desenvolver certa simpatia pelo funcionário e desejá-lo em seu time, principalmente se houver partidas acordadas com funcionários de outras empresas.

Para além da definição de esporte, **Hans Ulrich Gumbrecht** (1948-) apresentou uma distinção entre os modelos de *performances* presentes nessa atividade social com base na relação entre os conceitos gregos de **agôn** e **areté**. Segudo Gumbrecht (2007), o primeiro se relaciona à competição propriamente dita, na qual se busca a vitória contra outros adversários dentro de regras estáveis. Já o segundo, mais raramente identificado, diz respeito à busca pela *performance* por si mesma, em que o prazer de realizar algo belo ou bom, com excelência, leva o indivíduo a enfrentar seus limites. A *areté*, então, representa o estado mais nobre do esporte, já que, na realidade, o que se pretende é a superação dos limites humanos, e não simplesmente ser melhor do que os outros competidores.

Apesar dessa diferenciação e do caráter belo da *areté*, na maioria dos casos, os dois modelos atuam juntos, geralmente havendo entre os espectadores a preferência pelo *agôn*. Para exemplificar essa situação, Gumbrecht (2007) cita os esportes femininos. Observe a seguir um exemplo polêmico relacionado a essa temática.

De acordo com Gumbrecht (2007), por mais que uma equipe feminina de futebol eleve aspectos táticos e técnicos à quase excelência, tornando-se vitoriosa em todas as competições mais importantes de sua modalidade, dificilmente alguém apreciará de forma mais entusiasmada as partidas dessa equipe do que as das melhores equipes masculinas mundiais, pois, mesmo que apresente ótimo desempenho, dificilmente a equipe feminina venceria quaisquer dessas masculinas, tendo em vista a evidente diferença de capacidades físicas (Gumbrecht, 2007). Você concorda com tais suposições?

De nossa parte, entendemos que, por mais que espectadores procurem a excelência ao assistir a alguma modalidade esportiva, o que realmente se valoriza é a vitória sobre os adversários. Quem nunca ouviu a frase *Jogou como nunca, perdeu como sempre*? Por muito tempo, ela foi utilizada para descrever a seleção espanhola de futebol masculino, que, apesar de apresentar boa qualidade técnica, não costumava ganhar títulos importantes em âmbito mundial (até o fim da década de 2000), o que a tornava alvo de deboche por parte da imprensa e dos espectadores mundiais.

Gumbrecht (2007), em seu ensaio, ainda identificou categorias que, segundo ele, são responsáveis pelo fascínio pelo esporte: corpos, sofrimento, graça, formas, instrumentos, jogadas e *timing*.

De acordo com Gumbrecht (2007), apreciam-se os **corpos** dos atletas porque geralmente eles são construções harmoniosas e perfeitas de músculos. Além disso, admira-se a capacidade de resistência deles ao **sofrimento**, ainda mais quando alcançam feitos e conquistas depois de passarem por fases difíceis.

Já a **graça**, que ocorre quando um atleta executa uma tarefa difícil, é algo que deixa as pessoas perplexas, a ponto de elogiarem o atleta com diferentes adjetivos, principalmente pelo fato de que ele próprio, muitas vezes, não tem a real noção do significado de suas façanhas. Também se valoriza a capacidade de alguns em utilizar **instrumentos** em determinadas categorias, como armas ou mesmo carros, como se tais instrumentos fossem parte integrante de seus corpos.

Nos esportes coreografados, como a ginástica artística, impressionavam a leveza e a facilidade com que algumas **formas** são executadas pelos atletas, já que estas são caracterizadas com movimentos bem distintos daqueles comuns ao dia a dia.

As **jogadas**, presentes majoritariamente em esportes coletivos com bola, talvez sejam o elemento mais valorizado pelo público, principalmente por sua imprevisibilidade – pois devem acontecer em oposição a movimentos contrários de equipes adversárias. Belas jogadas são eternizadas na memória de torcedores e atletas, a ponto de, algumas vezes, superarem pontos ou gols.

Por fim, existe a apreciação daqueles atletas que têm o *timing* correto – ao saberem posicionar-se no espaço e no momento certos em ações decisivas das partidas, eles ganham admiração e são reconhecidos por sua capacidade de desequilíbrio tático e técnico nas disputas.

4.2.1 A gênese dos esportes no Brasil

Tomamos como ponto de partida do esporte institucionalizado no Brasil a cidade do Rio de Janeiro. Foi na atual capital carioca que passou a se desenvolver, logo após a chegada da corte portuguesa, em 1808, um estilo de vida similar ao dos países europeus. Com isso, a cidade, que antes era apenas um conglomerado de pequenos vilarejos, começou a crescer com vistas à urbanização. Nesse processo, os esportes tiveram papel preponderante.

Segundo Melo (2010b), desde 1810 existiam corridas de cavalo no Rio de Janeiro, as quais ficaram gradativamente mais frequentes após 1825. Podemos considerar essas corridas como antecedentes do **turfe**. Em 1847, houve um manifesto popular, divulgado no *Jornal do Commercio*, para que corridas públicas passassem a ser realizadas no Rio de Janeiro seguindo o exemplo de Londres. Essa cidade, conforme salientava a matéria, estava usufruindo de todas as vantagens proporcionadas por tais corridas. Foi então que, em 1849, surgiu um dos primeiros clubes voltados primordialmente à organização de atividades esportivas no país: o Club de Corridas, responsável pelo grande desenvolvimento do turfe e pelo seu domínio entre as atividades preferidas da população (principalmente de elite) na segunda metade do século XIX.

No capítulo anterior, tratamos das influências das ordens higiênicas no Rio de Janeiro entre o fim do século XIX e o início do século XX. Isso ajudou no estabelecimento de novos modelos de entretenimento, sempre tomando-se como base o estilo de desenvolvimento cultural europeu. Assim, com o aumento das recomendações referentes aos cuidados com o corpo e a higiene, que incluíam constantes banhos de mar, aconteceu uma abertura para as atividades náuticas. Foi assim que se desenvolveu em grande escala a prática do **remo** na cidade.

A partir de 1860, já eram comuns disputas entre canoas e pequenos barcos no litoral carioca. Tais embates foram progressivamente sendo institucionalizados, até a criação de clubes voltados especificamente à formação de equipes de remo. Até a virada do século, já existiam cerca de dez clubes, os quais organizavam competições e movimentavam a cidade (Melo, 2010b).

Nesse contexto, surgiu o Clube de Regatas do Flamengo, em 1895, conforme mencionado no capítulo anterior. Posteriormente, esse clube se transformou no que hoje conhecemos como o time de futebol com o maior número de torcedores do país. O mesmo ocorreu com o Botafogo e o Vasco. O primeiro nasceu como Club de Regatas Botafogo, em 1894, e apenas em 1942 se uniu ao Botafogo Football Club para formar o atual Botafogo de Futebol e Regatas. Já o segundo foi fundado em 1898 como Club de Regatas Vasco da Gama, contemplando, além dos esportes náuticos, outras modalidades, como ginástica, natação, tiro, atletismo e esgrima. A inclusão do futebol ocorreu apenas em 1915.

Além disso, a popularidade das disputas se tornou tão grande que, em 1905, o então prefeito do Rio de Janeiro Pereira Passos autorizou a construção do Pavilhão de Regatas, local que passou a ser utilizado como estrutura permanente não apenas para a realização das disputas entre as equipes de remo, mas também para constantes reuniões públicas da elite carioca (Melo, 2010b).

Turfe e remo, então, constituíram-se nos dois principais pilares de sustentação do movimento esportivo no Rio de Janeiro e, do mesmo modo, disputaram as atenções do público e de investidores. Para os defensores da valorização dos aspectos da modernidade, o remo se configurava como mais adequado, haja vista que sua prática possibilitava a manutenção de um corpo forte e sadio, características que passaram a ser mais valorizadas naquele período – em contraposição à antiga apreciação de sujeitos magros e fracos. Já o esforço no turfe era majoritariamente feito pelos cavalos, o que não potencializava exatamente o ganho de forma física. Assim, essa atividade, que movimentava uma boa quantidade de dinheiro por meio de apostas e compra e vendas de cavalos, perdeu grande parte de sua popularidade a partir do início do século XX, principalmente pelo fato de que alguns já a consideravam imoral, por ser vinculada aos jogos de azar.

Podemos observar que ambos os esportes apresentados contribuíram para a construção de uma nova cidade, muito influenciada até então pelos costumes e ideais modernos advindos da Europa. Essa nova configuração trouxe consigo uma constante convivência pública, em contraposição ao modelo de convivência mais privada que havia predominado até meados do século XIX. Isso permitiu também uma abertura maior para a presença pública das mulheres, já que eventos esportivos eram considerados familiares. Assim, apesar de não participarem como protagonistas, esse maior convívio possibilitou que elas buscassem paulatinamente a inserção também em outras esferas sociais (Melo, 2010b; Goellner, 2005a).

De acordo com Franzini (2010), em São Paulo, os ventos de modernidade também levaram seus efeitos à prática esportiva no fim do século XIX, a qual começava a se multiplicar cada vez mais. Em 1876, foi inaugurado o hipódromo que serviu como sede para o Club de Corridas Paulistano; em 1877, foi criado um rinque de patinação; entre os anos de 1890 e 1900, foram fundados vários clubes destinados à prática de remo e natação às margens do Rio Tietê; e, em 1892, foi desenvolvido o Velódromo Paulistano, um dos grandes símbolos da cidade – que, além de sediar as disputas de ciclismo (esporte mais popular da época), também era um dos principais locais de socialização da elite paulistana. Na virada do século, já eram vendidos no centro da cidade equipamentos para a prática de futebol, tênis, hóquei, beisebol, entre outros.

Capraro (2010) identificou que, na cidade de Curitiba, entre o fim do século XIX e o início do século XX, podiam ser observados costumes influenciados também pelos ideais europeus de modernidade, que se espalhavam para várias cidades brasileiras a partir da influência do Rio de Janeiro, bem como em virtude da maciça presença de imigrantes italianos, alemães e ucranianos na cidade, os quais inicialmente vieram para trabalhar no campo, mas passaram a se acumular em centros urbanos. No último quarto do século XIX, foi fundado na capital o Jockey Club do Paraná, no qual eram realizados páreos de turfe aos finais de semana e onde se reunia a elite curitibana. Nas primeiras décadas do século XX, tornaram-se comuns os festivais (geralmente aos domingos) nos quais aconteciam variadas atividades de lazer e, entre elas, provas esportivas, como corridas com obstáculos, corridas de velocidade e partidas de futebol. Entretanto, sustentando seu ar provinciano, Curitiba, assim como outras cidades brasileiras, demorou mais do que São Paulo e Rio de Janeiro para popularizar a prática de esportes, que continuaram a ser realizados, primordialmente, em clubes fechados, com destaque para o tiro ao alvo e o ciclismo.

4.3 O futebol brasileiro

Nesta seção, apresentaremos como ocorreu a inserção do futebol na sociedade brasileira, considerando que esse esporte ganhou extrema importância na rotina e na formação social do país – tanto que passou a ser visto como ícone da identidade nacional (Wisnik, 2008; Da Matta, 1982).

4.3.1 O surgimento do futebol no Brasil

Na época em que o futebol já era bastante popular em alguns países europeus, o jovem brasileiro **Charles Miller** (1874-1953) foi passar alguns anos na Inglaterra para concluir seus estudos – algo que era muito comum na elite brasileira da época. Ao retornar ao Brasil, em 1894, Miller trouxe consigo alguns materiais necessários para a prática do futebol, como bolas e chuteiras – produzidos somente na Europa – e passou a realizar algumas partidas na cidade de São Paulo. Seu pioneirismo é tratado como certo, mas algumas pesquisas já demonstraram que alguns marinheiros que voltavam da Europa já praticavam futebol em praias cariocas. Mesmo ingleses proprietários de indústrias no Brasil tentavam instalar a prática desse esporte em terras brasileiras (Caldas, 1990).

Assim, o que possivelmente deu força à versão que trata de Charles Miller como primeiro e único introdutor do futebol no Brasil seja a importância dada aos nomes (sobretudo os importantes) para contar e detalhar fatos históricos – modelo chamado de *história factual*. No entanto, sabemos que a influência de Charles Miller não foi assim tão repentina para o crescimento da popularidade do futebol no Brasil. Em São Paulo, passaram-se mais de dez anos desde sua volta para que esse esporte ganhasse um número considerável de adeptos – afinal, o ciclismo ainda atraía grande parte dos holofotes.

Foi no Rio de Janeiro que o futebol brasileiro começou a se desenvolver. Como abordamos anteriormente, nessa cidade, várias modalidades já estavam consolidadas, inclusive em grandes clubes. Contudo, foi graças às constantes tentativas de **Oscar Cox** (1880-1931), outro estudante que havia passado um tempo na Europa, que o futebol começou a ter entrada nesses clubes e se espalhou, primeiramente, pelas tradicionais famílias cariocas.

Nas primeiras décadas do século XX, já era amplamente aceito que exercícios físicos fizessem parte da rotina dos jovens – era, aliás, uma prática incentivada.

O primeiro dos atuais grandes clubes brasileiros que adotou o futebol como modalidade principal foi o Fluminense Football Club, fundado em 1902. Seus jovens e aristocráticos associados, que antes eram praticantes de remo, vislumbraram no futebol uma oportunidade de se distanciarem das classes mais baixas, já que estas estavam disputando espaço com eles, utilizando embarcações rudimentares e organizando competições próprias nas baías destinadas ao esporte. Assim, o Fluminense foi o único dos quatro atuais grandes clubes cariocas que já surgiu como clube de futebol.

4.3.2 As fases do futebol brasileiro

Apesar dos interesses de distinção social empregados na prática do futebol pelos jovens filhos da aristocracia carioca, não é possível afirmar que as classes populares se mantiveram longe do esporte. Caldas (1990) aponta que já em 1904 foi criado o Bangu Athletic Club. Esse clube foi fundado por altos funcionários da Companhia Progresso Industrial Ltda., mas eles buscaram entre os operários de sua fábrica atletas capacitados para formar a equipe, já que, por se localizar longe do centro da cidade, era muito difícil conseguir ingleses em número suficiente para integrar o time. A estratégia utilizada para a valorização desses atletas era que aqueles que se saíssem bem nas partidas ganhariam tarefas mais leves na fábrica e até jornadas de trabalho mais curtas.

A partir de 1909, quando realmente se concretizou essa presença operária no Bangu, começaram a se multiplicar os clubes pela cidade do Rio de Janeiro. O mesmo ocorreu em São Paulo e em outras capitais brasileiras, o que deu início ao processo de popularização do futebol.

Na sequência, apresentaremos uma divisão da história do futebol no Brasil em quatro fases. Entretanto, salientamos que essas não são categorias fechadas, mas uma representação da forma predominante da prática futebolística presente no país nos respectivos períodos.

4.3.2.1 Amadorismo

Desde seu surgimento até o início da década de 1920, o futebol pode ser considerado predominantemente amador no Brasil, tendo em vista que, por algum tempo, tentativas de afastamento das classes populares continuaram a ser feitas, no intuito de manter o caráter "distinto" do futebol. Como evidenciado no romance *O negro no futebol brasileiro*, de Mário Rodrigues Filho (2010)[1], existia no Rio de Janeiro uma clara segregação entre brancos e negros em termos de participação no esporte. Os primeiros não queriam que negros e mestiços de classes baixas participassem das mesmas disputas que eles; por isso, criavam exigências para a inscrição dos clubes em suas ligas, como a de que todos os atletas deveriam saber ler e escrever ou, ainda, a de que nenhum deles poderia trabalhar com atividades braçais, consideradas degradantes na época. Nas palavras do aclamado jornalista: "O mulato e o preto eram, assim, aos olhos dos clubes finos, uma espécie de arma proibida. Não um revólver, uma navalha. Se nenhum grande clube puxasse a navalha, os outros podiam continuar lutando de florete[2]" (Rodrigues Filho, 2010, p. 120).

Esses clubes finos aos quais Rodrigues Filho se refere eram o Fluminense, o Flamengo e o Botafogo, que eram filiados e comandavam a Liga Metropolitana do Rio de Janeiro. Nenhum aceitava atletas negros em suas equipes e todos mantinham, assim, juntamente com jantares, festas e costumes importados da Europa, a imagem elitista que prezavam, ou seja, a de um esporte praticado pelo puro prazer, com os requintes do *fair play*.

O jogador mais representativo desse momento, uma clara imagem grã-fina do esporte, talvez tenha sido **Marcos Carneiro de Mendonça** (1894-1988). Ele foi goleiro do Fluminense entre as

---

[1] Vale salientar que a obra já conta com quatro edições, tendo em vista que a primeira, de 1947, foi reformulada para sua segunda edição, em 1964.
[2] Um dos armamentos da modalidade esgrima, ao lado da espada e do sabre.

décadas de 1910 e 1920 e também o primeiro a servir à seleção brasileira. Mendonça, pertencente a uma família rica e tradicional de médicos cariocas, levava para dentro de campo a classe que lhe fora garantida desde o berço. Existem, até mesmo, relatos de que seu uniforme branco, preso elegantemente com uma fitinha roxa à cintura, saía praticamente limpo do campo, em decorrência de seu ótimo senso de posicionamento que o privava da necessidade de se jogar ao chão. Depois de encerrar sua carreira, Mendonça passou a se dedicar à autoria de livros sobre a história do Brasil.

4.3.2.2 Profissionalismo marrom

Segundo a tese defendida por Rodrigues Filho (2010), o Vasco da Gama, criado em 1898, foi o responsável por democratizar definitivamente o futebol na capital carioca. O clube subiu à primeira divisão da Liga Metropolitana de Futebol no ano de 1923 e, já em sua estreia, sagrou-se campeão do estado. O detalhe é que a equipe era formada por atletas brancos, negros e mestiços, os quais podiam dedicar-se exclusivamente aos treinamentos, já que recebiam prêmios e empregos de comerciantes portugueses ávidos pelas vitórias da equipe cruz-maltina.

Isso acabou espalhando-se por vários clubes, o que deu início à era do profissionalismo disfarçado, que ficou conhecido como *profissionalismo marrom* ou *semiprofissionalismo*. Os atletas, nessa época, não eram propriamente contratados para defender seus times, mas recebiam os conhecidos *bichos* – valores em dinheiro oferecidos em troca de gols, vitórias e títulos. Mesmo assim, houve ainda uma última tentativa dos defensores da manutenção do amadorismo, que criaram a Associação Metropolitana de Esportes Atléticos (Amea). A associação regulamentava que, além dos demais critérios para a inscrição de atletas, seria necessário que todos os clubes participantes tivessem estádios próprios. Isso acabou excluindo o Vasco em um primeiro momento – mas não por muito tempo, visto que, em 1925, o time foi reintegrado ao grupo, pois os organizadores da liga não podiam negar o grande apelo popular conquistado pelo clube.

Apesar da importância dada por Mário Filho a esse fato, não podemos considerar o exemplo do Clube Vasco da Gama como um caso isolado ou mesmo pioneiro em relação ao oferecimento de recompensas para atletas. Uma pesquisa de Capraro et al. (2012) revelou que esse processo já se mostrava evidente em várias outras cidades brasileiras, como em São Paulo – o Sport Club Corinthians Paulista, clube formado basicamente por operários, já galgava importância símile dos clubes de elite. Indo além, os autores demonstraram a existência de registros e indícios de que, na cidade de Curitiba, ainda em meados da década de 1910, pelo menos três atletas do Coritiba Foot Ball Club, apesar de não serem sócios do clube, disputavam partidas oficiais pela equipe – ou seja, eles provavelmente prestavam seus serviços esportivos por algo em troca, visto que um deles era conhecido por ser bandeirante (trabalhador que viaja em busca de riquezas minerais)[3].

Isso levou o amadorismo a ruir aos poucos, pois os envolvidos com os clubes começaram a perceber que as restrições para a contratação de atletas de classes sociais vistas como inferiores eram um grande equívoco, já que tais atletas demonstravam ter qualidade técnica apurada em decorrência das horas de treinamento. Assim, ao notarem a evolução das equipes que tinham atletas mesclados em seus escretes, nenhum clube queria ficar para trás, e progressivamente todos passaram a preferir atletas bons, fossem eles brancos, negros ou mestiços. O importante era vencer – o que deixou a ilusão do esporte por cavalheirismo para trás.

---

[3] As cidades mencionadas já tinham o futebol como atividade bastante desenvolvida na época e atualmente se constituem em grandes centros desse esporte no país, principalmente São Paulo e Rio de Janeiro.

4.3.2.3 Profissionalismo

A data oficial do início do profissionalismo no futebol brasileiro é 23 de janeiro de 1933, dia em que o futebol foi regulamentado juntamente com outras reformas trabalhistas promovidas pelo governo de Getúlio Vargas. Entretanto, como já afirmamos, esse não foi um processo estanque e essa data só representa uma decisão oficial, uma vez que muito antes disso várias iniciativas já vinham ocorrendo com o objetivo de caracterizar o futebol como profissão para os atletas.

Como os clubes já haviam adquirido grande representatividade de público, existia, por parte das torcidas, uma pressão pelas vitórias. Além disso, atletas de alto nível começaram a deixar o país em troca de contratos muito vantajosos com clubes europeus – ou mesmo uruguaios e argentinos – que já praticavam pagamentos mensais e declarados, o que acabou enfraquecendo os campeonatos nacionais. Esse repentino enfraquecimento, decorrente do êxodo dos principais jogadores da época, fez a pressão sobre os dirigentes aumentar em relação ao pagamento de ordenados para os atletas. Embora esses pagamentos já fossem efetuados desde 1915, por meio de gratificações, tudo isso era feito de forma mascarada, já que as regras dos campeonatos ainda giravam em torno do amadorismo. A necessidade de um pagamento fixo levou diversos dirigentes a atentar para o fato de que seria necessário cobrar uma quantia pela entrada das pessoas nos estádios, para que então as gratificações aos atletas saíssem do saldo do clube, em vez de serem retiradas do bolso de sócios ricos. Isso passou a ser feito a partir de 1917 (Caldas, 1990).

Além do apelo popular, os próprios atletas passaram a pressionar os clubes. Apesar de apresentarem uma formação educacional parca, eles começaram a se sentir protegidos pelo talento esportivo, o que os levou a reivindicar melhores condições, até porque suas reclamações encontravam ressonância entre alguns intelectuais e profissionais da imprensa. No Rio de Janeiro, por exemplo, esse movimento surtiu efeito, e o primeiro dirigente a se manifestar a favor da profissionalização foi **Antônio Gomes de Avellar**, então presidente do América Futebol Clube (agremiação de grande prestígio à época). Em 1932, ele declarou que assinaria contratos profissionais com todos os atletas de seu clube, declarando o valor que cada um receberia.

Avelar conseguiu apoio de dirigentes do Fluminense, do Vasco e do Bangu, ao lado dos quais travou uma batalha jurídica com representantes de outros clubes cariocas, entre eles Flamengo e Botafogo, que insistiam na manutenção regulamentar do amadorismo.

Nessa época, passaram a ser constantes as disputas de partidas preliminares antecedendo as principais, sendo as primeiras protagonizadas por atletas amadores, que não tinham interesse na profissionalização, e as outras, pelos profissionais que prezavam pelos resultados – tais partidas eram obviamente mais atrativas e o que realmente importava ao público. Assim, os argumentos da ala mais conservadora passaram a perder força.

Em São Paulo, a ascensão do profissionalismo ocorreu de forma símile. Havia duas instituições que brigavam pelo poder do futebol: a Associação Paulista de Esportes Atléticos (Apea) e a Liga Amadora de Futebol (LAF). Essa disputa deu origem à realização, entre 1925 e 1930, de dois campeonatos estaduais diferentes em São Paulo, cada um organizado por uma dessas associações. A Apea contava, desde meados da década de 1920, com um grupo pró-profissionalismo, enquanto a LAF era conservadora em relação à manutenção do amadorismo no futebol. Foi a partir da extinção da LAF, no início da década de 1930, e também do Club Athletico Paulistano, instituição de grande prestígio e defensora do amadorismo, que se abriram ainda mais as portas para o profissionalismo em São Paulo[4].

Com o profissionalismo oficializado em 1933, foram criados na maioria dos clubes os chamados *departamentos de futebol*. Isso atendia à demanda dos sócios de elite, que não queriam mais ter suas imagens atreladas ao futebol, já que este havia se tornado um esporte das classes populares – assim, eles preferiam que a sede social estivesse longe dessa prática. Com a inflação dos preços dos ingressos, o futebol passou, então, a se sustentar sozinho, tornando-se responsável por uma adesão popular cada vez mais efetiva. Entretanto, isso não representou uma melhora definitiva para os atletas, pois os contratos só previam o pagamento de salários, mas não protegiam os profissionais em casos de lesões ou doenças. Assim, permaneceu sendo muito comum que eles fossem abandonados pelos clubes e morressem na miséria depois de não conseguirem mais desempenhar tão bem suas funções esportivas.

4.3.2.4 Espetacularização

Desde a década de 1980, o futebol vem passando por um intenso processo de espetacularização. A modalidade deixou de ser apenas um esporte para se transformar em um evento de repercussão mundial, que interfere política e economicamente nas sociedades espalhadas por todos os cantos do mundo. Para termos uma ideia dessa importância, basta pensarmos que a Copa do Mundo de Futebol rivaliza em retorno midiático e de média de telespectadores[5] com os Jogos Olímpicos – competição que reúne todos os principais esportes e atletas do planeta.

---

[4] Foi basicamente nesses estados que o futebol se desenvolveu no início do século XX, sendo que, por muito tempo, a seleção brasileira foi basicamente uma mescla entre atletas de São Paulo e Rio de Janeiro.

[5] A Copa do Mundo de Futebol de 2014 teve uma audiência residencial de 3,2 bilhões de pessoas pelo mundo (Chade, 2015), enquanto os Jogos Olímpicos de 2016 tiveram uma audiência levemente superior – 3,5 bilhões (Cerca da..., 2016).

Apesar dessa grande visibilidade proporcionada pela competição entre seleções nacionais, o processo de espetacularização levou cada vez mais os poderosos e milionários times europeus a tomar conta do cenário futebolístico internacional e do imaginário dos torcedores. Atualmente, é muito comum andar pelas ruas e encontrar pessoas com camisetas do Barcelona, do Real Madrid, do Paris Saint Germain, do Bayern de Munique e do Manchester United (apenas para citar alguns exemplos) – e a proporção aumenta se observarmos os uniformes utilizados por crianças. Isso é bastante justificável, haja vista que podemos considerar esses times grandes seleções mundiais.

Ora, antigamente, grandes seleções nacionais, como Alemanha, Itália e Brasil, eram responsáveis por apresentarem em seus elencos os melhores craques do planeta atuando juntos, o que as colocava como as melhores equipes do mundo. Atualmente, porém, os clubes é que são os responsáveis por tal feito, já que têm um poder financeiro de investimento que praticamente impossibilita qualquer recusa por parte dos melhores atletas – além da vantagem de não haver limite de jogadores por nacionalidade na maioria dos países. Nesse sentido, em termos de espetáculo, é como se os clubes tivessem superado as seleções.

Esse cenário interferiu em grande escala no *status* do atleta de futebol. Na atualidade, aqueles que conseguem chegar a esses grandes clubes, ou mesmo a alguns de menor importância, mas em mercados reconhecidos globalmente, tornam-se grandes estrelas mundiais e homens milionários – tanto pelos salários estratosféricos que recebem quanto pelos contratos comerciais que assinam com diferentes marcas.

O modo de ver futebol também se modificou. Se antes as torcidas eram aficionadas por alguns times em específico e os acompanhavam independentemente das circunstâncias, hoje existe um público que assiste às partidas comportadamente. Essas pessoas pagam pelo ingresso para adentrar as espetaculares e modernas arenas esportivas na intenção de acompanhar grandes espetáculos dos times, mesmo que não tenham uma história passional com eles – estamos nos referindo, principalmente, ao público do maior torneio entre clubes do mundo, a *Uefa Champions League*, (Liga dos Campeões da Uefa - Union of European Football Associations) disputada na Europa. Em partidas de clubes como Barcelona e Real Madrid, por exemplo, grande parcela do público total nas partidas é formada por turistas, o que se tornou algo incrivelmente rentável até mesmo para as cidades onde tais clubes estão localizados. Assim, a possibilidade de conhecer determinados times de prestígio se tornou um chamariz para que as pessoas escolham as cidades desses clubes como destinos turísticos.

O futebol brasileiro demorou a incorporar essa ideia de futebol como negócio, mas, na última década, principalmente pela influência da Copa do Mundo de 2014, realizada no Brasil, alguns times passaram a investir seus esforços no engrandecimento de sua marca. Com modernas arenas e fortes programas de sócios-torcedores, alguns clubes nacionais vêm tentando implantar as estratégias de sucesso empreendidas por clubes europeus, na tentativa de dominar o cenário nacional e, até mesmo, continental do futebol, haja vista que na América do Sul os clubes brasileiros são os que têm maior capacidade de investimento.

A tendência é que a diferença entre clubes com grande investimento e pouco investimento fique cada vez maior. Infelizmente, no futebol contemporâneo, dinheiro significa títulos. Por exemplo, o Real Madrid, um dos clubes com maior poder de investimento no mundo, conquistou três das quatro últimas edições da Uefa Champions League (2014, 2016 e 2017); e o Paris Saint Germain, depois de ser adquirido por um bilionário fundo de investimentos do Qatar em 2011, foi campeão francês nos anos de 2013, 2014, 2015 e 2016.

4.3.3 O futebol feminino no Brasil

Quando falamos em futebol, geralmente nos lembramos de competições masculinas. Isso é bastante justificável, visto que essa modalidade foi protagonizada por homens desde o surgimento do esporte no Brasil. Entretanto, precisamos ter em mente que a invisibilidade das mulheres não significa a ausência delas nesse meio. Goellner (2005b) aponta que as mulheres estiveram presentes em partidas não oficiais desde o início do século XX e que, desde a regulamentação dessa modalidade feminina em âmbito mundial, na década de 1980, as atletas vêm lutando por espaço no Brasil.

Em suas trajetórias marcadas pelas dificuldades, as melhores passaram por grandes períodos sem receber salários e conviveram com a instabilidade de clubes e competições. Estas, quando eram realizadas, aconteciam em condições precárias de infraestrutura e quase sempre sem a presença de público ou repercussão midiática. Apesar disso, nas décadas de 1990 e 2000, a seleção brasileira conquistou importantes resultados em competições mundiais, o que permitiu às atletas reclamar por melhores condições para a prática no país. Tais resultados incluem a 4ª colocação nas Olimpíadas de Atlanta, em 1996, a medalha de bronze na edição de 1999 da Copa do Mundo, o ouro pan-americano obtido contra a potente seleção estadunidense em 2007, o vice-campeonato mundial nesse mesmo ano e as medalhas de prata nas edições olímpicas de Atenas (2004) e Pequim (2008). Além disso, a atleta Marta foi eleita cinco vezes consecutivas a melhor atleta do mundo pela Fifa (Fédération Internationale de Football Association), entre 2006 e 2010.

Existem regulamentos nacionais e internacionais que estão obrigando os clubes a manter permanentemente equipes femininas e a lhes dar suporte para que se desenvolvam. A proposta é que, até o final da década de 2010, os campeonatos nacionais femininos contem com várias camisas de peso do futebol brasileiro.

Nesse sentido, podemos considerar que o movimento de crescimento e profissionalização do futebol feminino está acontecendo no Brasil com um atraso de aproximadamente 80 anos em relação ao seu correspondente masculino.

Síntese

Neste capítulo, apresentamos as diferenças entre os conceitos de *jogo* e *esporte* e mostramos como esses dois fenômenos foram (e são) importantes formadores da cultura. Além disso, lançamos olhar sobre o surgimento dos esportes modernos (na Inglaterra) e ressaltamos como eles não podem ser vistos como continuidade de práticas físicas da Antiguidade. No caso do jogo, discorremos sobre as concepções de Huizinga (elemento lúdico) e Caillois (modelos de jogos: *agôn, alea, mimicry* e *ilinx*).

Na sequência, deatacamos as principais características do esporte moderno que o distanciam dos jogos da Antiguidade, como a institucionalização de regras universais (menos violência e mais igualdade entre os participantes), a construção de espaços específicos para as disputas e o rompimento com o dever religioso (atividade laica).

Por fim, analisamos o surgimento do esporte no Brasil. Inicialmente, o turfe, o remo e o ciclismo foram as principais modalidades praticadas no país. Após esse momento, o futebol chamou para si o protagonismo, passando pelos períodos de amadorismo, semiprofissionalismo, profissionalismo e espetacularização. Apesar de ter sua entrada no Brasil creditada a Charles Miller, em São Paulo, o futebol desenvolveu-se primeiramente no Rio de Janeiro. Na atualidade, trata-se da modalidade de maior impacto cultural e econômico no país.

ııı *Indicações culturais*

Livros

KOHAN, M. **Segundos fora**. Tradução de Heloisa Jahn. São Paulo: Companhia das Letras, 2012.

A história de *Segundos fora* se passa na Argentina, em 1923, quando o país recebeu o celebrado compositor e regente Richard Strauss e sediou o confronto pelo cinturão de boxe dos pesos pesados Luís Angel Firpo, da Argentina, e Jack Dempsey, dos Estados Unidos. Nesse contexto, dois jornalistas de um pequeno periódico do interior do país tentam definir uma pauta para comemorar o 50º aniversário do jornal. Mesmo sendo uma obra de ficção, é possível entender o que representava o boxe naquela época.

RODRIGUES, S. **O drible**. São Paulo: Companhia das Letras, 2013.

Este é um dos poucos romances brasileiros cujo cenário é o ambiente futebolístico. Paradoxalmente, o futebol é um dos elementos mais latentes na cultura brasileira, porém pouco consumido quando se trata de literatura. Como raramente as iniciativas passadas frutificaram, atualmente são poucos os escritores que se aventuram a escrever algo sobre esse esporte.

Em *O drible*, Sérgio Rodrigues, com riqueza de detalhes e apresentando relações com a própria história do futebol brasileiro, desenvolve um enredo que contempla atletas, técnicos e jornalistas esportivos de renome da época em que a história se passa. Assim, a obra pode ser considerada um romance histórico – um gênero fronteiriço, situado entre um contexto existente e um enredo ficcional. Mesmo como literatura, é um bom meio para conhecer um pouco mais as mazelas do futebol brasileiro.

Filmes

BOLEIROS: era uma vez o futebol. Direção: Ugo Giorgetti. Brasil: SP Filmes, 1998. 93 min.

Esse filme brasileiro retrata a rotina de ex-atletas de futebol profissional que se reúnem quase todas as tardes em um bar de São Paulo para contar e discutir histórias da bola. Em tom leve, descontraído e saudosista, eles tecem comentários sobre episódios de suas carreiras. De certa forma, a abordagem do diretor nos faz sentir acolhidos no universo dos bastidores desse esporte que tanto faz a cabeça dos brasileiros

SEABISCUIT: alma de herói. Direção: Gary Ross. Estados Unidos: Buena Vista Home Entertainment, 2003. 140 min.

Trata-se de um filme baseado em fatos reais que apresenta, em linhas gerais, como o turfe ainda tinha representatividade em meados do século XX. A trama se passa nos Estados Unidos da década de 1930, período marcado pela grande depressão econômica que afetou o país. Nesse cenário, um importante comerciante de carros passa a investir em cavalos de corrida para preencher o vazio causado pela morte do filho e da esposa. A história então é detalhada a partir do encontro entre um treinador excêntrico, um jóquei que teve uma infância bastante difícil e um cavalo, à primeira vista, fraco e rebelde – todos encontrados e contratados pelo comerciante. Juntos, eles buscam vencer cada vez mais páreos pelo país.

■ Atividades de autoavaliação

1. Quais dos itens a seguir se referem a características relativas ao conceito de *jogo*?
    I. A presença de árbitros.
    II. O caráter lúdico.
    III. A flexibilidade de regras.
    IV. Espaços predeterminados.
    V. A remuneração de atletas.

Agora assinale a alternativa correta:
a) I, II e III.
b) II e III.
c) II, IV e V.
d) I, III e V.
e) III, IV e V.

2. Qual das alternativas a seguir **não** explica adequadamente por que não podemos considerar como esportes as atividades atléticas antigas, como as dos gregos e romanos?
   a) Os objetivos religiosos vinculados aos jogos da Antiguidade.
   b) O fato de ser comum que alguns atletas disputassem nus as provas.
   c) A inexistência de regras universais e de instituições para a regulamentação das disputas.
   d) A falta de mecanismos que buscassem a igualdade inicial entre os competidores, como a divisão por peso nas modalidades de lutas.
   e) O alto grau de violência, que não raro levava atletas à morte.

3. Qual foi o principal fator atrelado à popularização dos esportes modernos na Inglaterra no século XIX?
   a) A migração populacional da cidade para o campo, onde havia mais espaço para prática de esportes.
   b) A produção de equipamentos, chuteiras e uniformes propícios à prática física.
   c) O crescente acúmulo de operários nas fábricas em decorrência da Revolução Industrial.
   d) A oportunidade vista pelas classes operárias para reivindicar direitos a partir de sua prática esportiva.
   e) O grande impacto causado pelas transmissões televisivas dos esportes.

4. Levando em consideração a tese defendida por Mário Rodrigues Filho de que o Vasco da Gama foi o clube que deu início ao semiprofissionalismo e à democratização no futebol, marque V para alternativas verdadeiras e F para alternativas falsas:

( ) No semiprofissionalismo, os atletas passaram a receber recompensas por suas partidas.

( ) O Vasco da Gama foi o exemplo mais significativo da fase semiprofissional, já que estava localizado em um grande centro do futebol brasileiro e conquistou o título de campeão carioca de 1923 utilizando atletas negros e mestiços, os quais recebiam prêmios em dinheiro.

( ) Esse não foi um caso pontual, visto que existem indícios de que outros clubes nos demais estados brasileiros também já se utilizavam da estratégia de remunerar ou premiar os atletas de acordo com seu desempenho para alcançar vitórias e títulos.

( ) A popularização do futebol causou um desconforto entre os integrantes dos clubes de elite, principalmente Flamengo, Fluminense e Botafogo, que criaram a Associação Metropolitana de Esportes Atléticos (Amea) e excluíram o Vasco, a fim de tentar manter o caráter amador e distinto do esporte.

( ) A tese de Mário Rodrigues Filho está correta, já que não existem quaisquer indícios de iniciativas de outros clubes no sentido de aceitar negros e mestiços ou de pagar serviços de atletas antes desse famoso caso.

Indique a seguir a alternativa que apresenta a sequência correta:

a) F, V, V, V, F.
b) F, V, F, F, V.
c) V, V, F, F, F.
d) V, F, V, V, V.
e) F, F, V, V, F.

5. (Inep – 2014 – Enem – Prova Cinza)

> A história do futebol é uma triste viagem do prazer ao dever. Ao mesmo tempo em que o esporte se tornou indústria, foi desterrando a beleza que nasce da alegria de jogar só pelo prazer de jogar. Neste mundo do fim do século, o futebol profissional condena o que é inútil, o que não é rentável, ninguém ganha nada com esta loucura que faz com que o homem seja menino por um momento, jogando como menino que brinca com o balão de gás e como o gato que brinca com o novelo de lã: bailarino que dança com uma bola leve como o balão que sobe ao ar e o novelo que roda, jogando sem saber que joga, sem motivo, sem relógio e sem juiz. O jogo se transformou em espetáculo, com poucos protagonistas e muitos espectadores, futebol para olhar, e o espetáculo se transformou num dos negócios mais lucrativos do mundo, que não é organizado para ser jogado, mas para impedir que se jogue. A tecnocracia do esporte profissional foi impondo um futebol de pura velocidade e muita força, que renuncia à alegria, atrofia a fantasia e proíbe a ousadia.
>
> GALEANO, E. **Futebol ao sol e à sombra**. Porto Alegre: L&PM, 1995.

As transformações que marcam a trajetória histórica do futebol, especialmente aquelas identificadas no texto, se caracterizam pelo(a):

a) redução dos níveis de competitividade, o que tornou o futebol um esporte mais organizado e mundialmente conhecido.

b) processo de mercadorização e espetacularização que tem possibilitado o crescimento do número dos praticantes e dos espaços usados para sua prática.

c) redução às formas mais padronizadas, seguida de uma crescente tendência ao aparecimento de regionalismos na forma de vivenciar a prática do futebol.

d) tendência de desaparecimento de sentidos sociais e estéticos, característicos nos jogos e nas brincadeiras populares.

e) processo de espetacularização e elevação dos indicadores estéticos do futebol, resultado da aplicação dos avanços científicos e tecnológicos.

Atividades de aprendizagem

Questões para reflexão

1. Diferencie os conceitos de *agôn* e *areté* abordados na obra de Hans Ulrich Gumbrecht (2007) e dê exemplos de como eles ajudam a criar o fascínio pelos esportes.

2. Cite elementos que apontem para a importância que tinha a prática do remo, principalmente no Rio de Janeiro, no fim do século XIX e início do século XX.

3. Por que não podemos considerar longo o período de total amadorismo do futebol brasileiro?

Atividade aplicada: prática

1. Faça uma pesquisa em periódicos esportivos sobre os valores salariais e dos patrocínios recebidos pelas grandes estrelas mundiais do futebol, no intuito de refletir sobre a abrangência dessa fase de espetacularização do futebol. Investigue também as diferenças de valores que giram em torno das práticas masculina e feminina – não apenas em relação ao futebol, mas a vários outros esportes – e elabore um fichamento que exponha suas considerações e evidencie essas discrepâncias.

Capítulo 5

As Olimpíadas na Modernidade

Neste capítulo, faremos uma revisão histórica do processo de ressurgimento dos Jogos Olímpicos na Era Moderna, que ocorreu a partir dos ideais de Pierre de Coubertin – influenciado por tentativas anteriores de William Penny Brookes e Evangelis Zappas. Em seguida, apresentaremos o conceito de *olimpismo*, o qual, teoricamente, teria de guiar tal competição esportiva. Demonstraremos também como esse ressurgimento moderno foi pautado em valores e objetivos distintos dos presenciados na realização das recentes edições olímpicas. Além disso, descreveremos brevemente algumas edições olímpicas que revelaram importantes aspectos de ordem econômica ou política desde o início dos Jogos Olímpicos modernos até o contexto atual – o dos chamados *megaeventos*.

5.1 Movimentos antecedentes ao projeto de Coubertin

Apesar da tradicional relação identificada entre o ressurgimento dos Jogos Olímpicos na Era Moderna e a figura do Barão de Coubertin, não há como lhe designar todo o mérito, haja vista que foram descobertos indícios de que outras iniciativas no mesmo sentido já haviam sido realizadas anteriormente ao seu projeto. Por isso, antes de descrevermos o projeto coordenado por Coubertin no fim do século XIX, apresentaremos alguns antecedentes históricos que demonstram que a ideia do barão não foi deveras inovadora.

5.1.1 O Movimento Olímpico Grego

Em 1859, na Grécia, **Evangelis Zappas** (1800-1865), um rico proprietário de terras, propôs oficialmente ao governo que os Jogos Olímpicos fossem reativados no país, principalmente no intuito de retomar o orgulho grego após o longo período de domínio turco, que apenas havia terminado na década de 1830. Tal projeto, que ficou conhecido como *Movimento Olímpico Grego*, foi a consolidação dos desejos de outros conterrâneos gregos que também idealizavam reativar os jogos, mas não tinham condições para tal. Zappas vislumbrava que os atletas recebessem prêmios em dinheiro pelas vitórias.

Apesar de pouco interesse governamental, Zappas financiou a realização de um evento dividido entre três áreas: indústria, agricultura e esportes, sendo que na área esportiva ocorreram competições de disco, dardo, lutas, saltos, corridas e escaladas em varas. Não obstante o relativo sucesso e o grande entusiasmo do milionário patrocinador grego, turbulências políticas levaram à realização de uma nova edição apenas em 1870, após o falecimento de Zappas, em 1865. Sua influência continuou bastante em alta, inclusive pelo fato de que ele havia deixado fundos de sua herança exclusivamente para o desenvolvimento das competições. Em sua homenagem, os jogos foram nomeados como *Zappas Games*.

Após essa edição, em 1875, os jogos aconteceram novamente, mas com a obrigatoriedade de que apenas atletas universitários pudessem participar. Tal decisão foi tomada a partir de pressões advindas das classes altas e intelectuais da Grécia, que eram contrárias à participação das classes trabalhadoras. Isso contribuiu para diminuir o interesse do público, bem como o nível das disputas, haja vista que os atletas não tinham tradição esportiva – só competiram por serem filhos de representantes das elites locais. Em 1888, o Comitê Olímpico Grego ainda programou a realização de mais uma edição dos *Zappas Games*. Um prédio para a realização das competições chegou a ser construído com os fundos deixados pelo seu idealizador, mas o evento esportivo acabou não sendo realizado (Tavares, 1997).

5.1.2 Os Jogos Olímpicos Nacionais (Inglaterra)

Na Inglaterra, **William Penny Brookes** (1809-1895), bastante influenciado pelo que vinha ocorrendo na Grécia, propôs a realização de encontros anuais atléticos em diferentes sedes espalhadas pelo país, os quais ocorreram em 1860, 1861, 1862 e 1863. O projeto se ampliou e, com o apoio de **John Hulley** (1832-1875), após a fundação da National Olympian Association, Brookes realizou em Londres jogos atléticos que contaram com aproximadamente 10 mil espectadores. Nesses jogos, chamados de *Olympian Games* – em contraposição aos realizados por alguns *gentlemen* da classe alta de Londres (representados pela Amateur Athletic Club – AAC) – aceitava-se que pessoas da classe trabalhadora participassem, pois seu idealizador acreditava na importância da educação física para afastar as pessoas dos bares e das ruas. Apesar dessa concessão, a ideia de Brookes era baseada no amadorismo.

Após uma primeira edição de bastante sucesso, as posteriores edições, realizadas em Birmingham (1867) e em Wellington (1868), contaram com pouca representatividade de público. Assim, uma nova tentativa foi realizada apenas em 1874, na cidade de Much Wenlock, mas o panorama continuou o mesmo.

Brookes tentou colocar em prática uma ideia ainda mais desafiadora: propôs a criação do *International Olympian Festival*. Como o nome já indica, o evento teria caráter internacional, com a participação de atletas de diferentes nações, e seria realizado na cidade grega de Atenas. Entretanto, ele não encontrou respaldo entre as autoridades gregas e o projeto acabou não saindo do papel (Tavares, 1997).

5.2 O projeto olímpico

Pierre de Frédy (1863-1937), mais conhecido como Barão de Coubertin, foi um pedagogo e historiador francês que restabeleceu os Jogos Olímpicos na Era Moderna a fim de resgatar os aspectos pedagógicos desses jogos. Ele defendia que eventos grandiosos, capazes de reunir pessoas de várias nacionalidades, além de proporcionarem um equilíbrio entre corpo e mente por meio da atividade física, poderiam propagar a convivência leal e benéfica.

Conforme abordamos no item anterior, apesar de não terem atingido nível mundial de competição, as iniciativas anteriores permitem afirmar que Pierre de Coubertin não foi exatamente o primeiro a tentar reviver os Jogos Olímpicos antigos na Era Moderna. O próprio barão admitiu ter sido influenciado pelas ideias de Brookes ao visitá-lo na Inglaterra. No entanto, depois de começar, na década de 1890, a proferir palestras e recrutar voluntários no intuito de reativar os Jogos Olímpicos, ele tomou para si todas essas ideias.

Seu primeiro grande discurso em defesa desse ideal ocorreu durante o 5º aniversário da União das Sociedades Francesas de Esportes Atléticos, em 1892, quando ele declarou que era necessária a internacionalização do esporte. Isso se repetiu em 1894, em um congresso esportivo-cultural ocorrido em Paris, que contou com aproximadamente 79 representantes de instituições esportivas e universitárias de 13 países – embora o objetivo principal do evento fosse discutir a dicotomia entre o amadorismo e o profissionalismo no esporte. Suas palestras surtiram rápidos efeitos, pois a primeira edição dos Jogos Olímpicos modernos foi realizada em 1896, em Atenas.

A ideia inicial era que a cidade-sede fosse Paris, já que a citada reunião tinha ocorrido na capital francesa, e que o evento acontecesse no ano de 1900, como forma de comemorar a virada do século. Contudo, no intuito de seguir a perspectiva de revitalização e de enaltecimento histórico dos antigos valores gregos, optou-se por uma cidade grega para sediar o evento. Assim, a cidade de Atenas foi escolhida para sediar a primeira experiência olímpica moderna, que foi antecipada para 1896. Novamente, o barão deixou circular a versão de que ele havia proposto a ideia de Atenas como sede, sendo que ele mesmo esperava a realização em Paris (Gumbrecht, 2007).

Um dos princípios básicos elaborados para regulamentar as primeiras edições olímpicas da Era Moderna foi a suposta manutenção do caráter amador dos eventos. Dizemos "suposta manutenção" porque os Jogos Olímpicos antigos foram, de certa forma, mal interpretados pelo barão, uma vez que havia naquele período grandes recompensas para os vencedores olímpicos, que poderiam ter pensões vitalícias após suas conquistas (Gumbrecht, 2007). Porém, no ressurgimento dos jogos, só foi permitido que participassem atletas que não tinham no esporte uma atividade remunerada, para que, seguindo-se a ótica dos primeiros organizadores, o caráter lúdico e educativo da competição pudesse ser mantido.

De acordo com Rubio (2002), o real objetivo era que se mantivessem as características aristocráticas e burguesas do esporte, haja vista que este vinha se popularizando de tal forma que estava escapando ao domínio da elite. Assim, com essa regulamentação, assegurava-se apenas a participação daqueles que tinham condições de praticar esportes no tempo livre, o que, consequentemente, excluía a classe trabalhadora. Proporcionava-se, desse modo, um ambiente de distinção social pautada no aspecto econômico.

Essa distinção socioeconômica também foi propiciada pelo fato de que apenas aqueles que dispunham de confortável situação financeira eram capazes de participar dos jogos, já que o preço e o tempo para deslocamento pelos meios de transporte da época não eram nada razoáveis. Isso resultou, na primeira fase dos Jogos Olímpicos modernos – até a edição de 1912, em Estocolmo –, em um baixíssimo número de atletas. As primeiras edições também não contaram com candidaturas de variados países, como ocorre atualmente, visto que as sedes eram escolhidas geralmente segundo o interesse e a influência de Coubertin ou de seus conselheiros próximos (Almeida, 2015).

5.2.1 O ideal de Coubertin

Durante a idealização e a coordenação do projeto olímpico, o Barão de Coubertin defendeu que os jogos fossem pautados por valores humanos. Com base nisso, foi criada a definição de **olimpismo**:

> *A educação, a integração cultural e a busca pela excelência através do esporte são ideais a serem alcançados. O Olimpismo tem como princípios a amizade, a compreensão mútua, a igualdade, a solidariedade e o "fair play" (jogo limpo). Mais que uma filosofia esportiva, o Olimpismo é uma filosofia de vida. A ideia é que a prática destes valores ultrapasse as fronteiras das arenas esportivas e influencie a vida de todos.* (COB, 2017)

Essa definição, presente no *site* do Comitê Olímpico Brasileiro (COB), baseia-se nos princípios encontrados na Carta Olímpica[1] divulgada pelo Comitê Olímpico Internacional (COI), fundado na já citada reunião em Paris no ano de 1894. Vale salientar que tal comitê foi criado com o intuito de reunir representantes de diversos países, para que eles pudessem propor regulamentos e controlar as competições. A primeira equipe do comitê foi formada por membros da França, do Reino Unido, da Hungria, da Itália, dos Estados Unidos, da Argentina, da Nova Zelândia, da Rússia, da Suécia e da então Tchecoslováquia.

Na Carta Olímpica, o olimpismo é definido como uma filosofia de vida: trata-se de uma forma de prestar serviços para o desenvolvimento harmonioso da sociedade, a fim de se disseminar a prática de esportes para todos e sem discriminações, já que esse é um direito humano (COI, 2011).

O texto ainda indica que todos os participantes dos eventos precisam estar cientes dos pressupostos mencionados na carta e devem seguir o espírito olímpico ao se envolverem com as competições organizadas pela entidade.

Atualmente, tem sido bastante difícil enxergar esses valores nos Jogos Olímpicos. Há tempos que esses ideais não são os principais fatores observados nas Olimpíadas – se é que algum dia o foram –, tanto que, quando atletas demonstram que a convivência harmoniosa ou o bem de seu adversário superam a necessidade de vitória esportiva, o episódio torna-se bastante significativo

---

[1] Documento inicialmente escrito pelos primeiros organizadores do Movimento Olímpico, em francês e inglês. Nessa carta, são estabelecidas as obrigações e os deveres de cada instância envolvida na organização dos Jogos Olímpicos, bem como os valores que devem estar presentes nesse movimento. Trata-se de um documento que é atualizado quando necessário e que já foi traduzido para diversos idiomas. Para ler a carta, acesse: <http://www.pned.pt/media/1460/cartaolimpica.pdf>.

e é tratado como algo excepcional, passível de ser amplamente noticiado.

Podemos citar alguns exemplos nesse sentido. Um dos mais comentados foi protagonizado por **Luz Long** (1913-1943), atleta alemão que competiu contra o norte-americano **Jesse Owens** (1913-1980) na prova de salto em distância nas Olimpíadas de Berlim, em 1936. Ao perceber que Owens tinha apenas mais uma chance para validar seu salto e se classificar para as finais, já que antes havia queimado os demais, Long deu conselhos ao seu adversário sobre a melhor estratégia para não errar novamente. Owens classificou-se e acabou com a medalha de ouro, deixando o atleta alemão com a prata. A ação de Long foi ainda mais valorizada porque ambos estavam em uma Alemanha nazista – e Owens era negro.

Para enaltecer ações desse gênero, o COI criou, em 1964, uma premiação especial: a **medalha Pierre de Coubertin**. Nesse mesmo ano, a medalha foi destinada postumamente a Luz Long. Desde então, ela foi entregue a mais cinco atletas, entre eles o maratonista brasileiro Vanderlei Cordeiro de Lima. Talvez você se lembre do lamentável incidente ocorrido com o atleta nas Olimpíadas de Atenas, em 2004, quando um padre irlandês invadiu a área de disputa e o segurou quando ele estava na liderança de sua prova. Vanderlei foi ajudado por um senhor grego que estava próximo do ocorrido. O cidadão ultrapassou as linhas que dividiam a pista da torcida e desvencilhou o atleta brasileiro do padre irlandês. Assim, o maratonista continuou na disputa e ainda ficou com a medalha de bronze, sendo ovacionado pela população presente no Estádio Olímpico de Atenas ao conquistar, radiante, a terceira colocação.

Tais atitudes são consideradas concernentes ao conceito de *fair play*[2], traduzido livremente para o português como "jogo

---

[2] Esse ideal existe desde o ressurgimento dos Jogos Olímpicos na Era Moderna.

limpo" ou "jogo justo". De acordo com esse conceito, atletas, técnicos, dirigentes e todos os envolvidos com o espírito olímpico devem seguir as regras dos esportes específicos, agir segundo os preceitos olímpicos e demonstrar respeito por todos os parceiros de time e adversários. É válido ressaltar que até hoje os representantes nacionais do COI são chamados de *embaixadores dos valores olímpicos*.

Entretanto, não podemos esquecer que, na época da criação dos Jogos Olímpicos Modernos, havia um esforço civilizatório para assegurar uma conduta de distinção social praticamente aristocrática, e o esporte, nesse caso, significava também um *status* elevado.

Os fatos apresentados nesta seção podem ser entendidos como exceções, haja vista que no evento geralmente prevalece o desejo pela vitória, ainda mais no ambiente atual, em que há enorme vinculação comercial aos atletas. Embora na teoria os ideais estabelecidos sejam bastante louváveis, já nas primeiras edições olímpicas a igualdade e democratização pregadas por Coubertin não corresponderam exatamente à atuação dos próprios organizadores dos eventos olímpicos.

A edição de 1904, que ocorreu na cidade de Saint Louis, nos Estados Unidos, por exemplo, é até hoje considerada a mais mal organizada da história, já que apenas 12 países mandaram seus representantes e o próprio barão não compareceu, pois o evento entrou em segundo plano ao ser realizado concomitantemente à Feira Mundial[3]. Nessa edição, foram promovidos também os *Anthropological Games*, evento que segregava – assim como o próprio Estado do Missouri – indivíduos negros, índios, mexicanos, filipinos, patagônicos, entre outros, dos caucasianos que disputariam os Jogos Olímpicos.

---

[3] Também chamada de *Exposição Universal*, constitui-se em um encontro de representantes de indústrias de todo o mundo que desejam lançar novos produtos. No evento, também ocorrem apresentações culturais e artísticas.

5.2.2 A polêmica persistência do amadorismo

Como mencionamos anteriormente, desde o ressurgimento dos Jogos Olímpicos, o tema do amadorismo foi abordado de forma bastante polêmica e sem critérios que permitissem uma regulamentação adequada. Com o passar do tempo e com a importância crescente do esporte em âmbitos culturais, além do caráter de ascensão econômica que ele possibilitou para muitas pessoas de classes mais baixas, tornou-se praticamente impossível manter os atletas profissionais longe dos eventos, haja vista que eles eram os mais capacitados para apresentar *performances* louváveis.

Desse modo, brechas no regulamento passaram a ser utilizadas para permitir a participação desses atletas, assim como houve grande pressão para a liberação definitiva. Nunca ficou claro o que efetivamente era ser um profissional do esporte, tanto que, na década de 1930, professores de Educação Física foram impedidos de participar dos jogos e, em 1984, o atleta **Joaquim Cruz** (1963-) decidiu recusar uma casa que ganharia da Fundação Roberto Marinho – como prêmio por sua medalha olímpica nos 800 m do atletismo – com medo de que isso atrapalhasse suas subsequentes participações. Assim, por muito tempo, alguns atletas se encontraram em situações difíceis ao terem de escolher entre dois caminhos distintos. No Brasil, o caso mais famoso foi o do jogador de basquete **Oscar Schmidt** (1958-), que recusou um contrato com o New Jersey Nets para disputar a NBA (National Basketball Association) em 1984, pois isso o impediria de disputar as próximas edições olímpicas pela seleção brasileira.

A liberação definitiva ocorreu apenas após a edição olímpica de Seul, em 1988, quando os dirigentes do COI se reuniram e aprovaram novas regras para regulamentar esse assunto, quase por unanimidade. A partir daquele momento, coube a cada confederação internacional de esportes decidir se atletas profissionais poderiam participar. Atualmente, apenas o futebol masculino faz restrições aos atletas profissionais nos jogos, sendo que apenas três jogadores acima de 23 anos de idade podem compor as seleções de cada país. O desejo da FIFA (Fédération Internationale de Football Association) é evitar que o futebol nos Jogos Olímpicos rivalize em importância com a Copa do Mundo de Futebol.

5.3 Principais edições olímpicas

Nesta seção, faremos uma revisão histórica das edições olímpicas consideradas mais relevantes – no que diz respeito, principalmente, a aspectos políticos e econômicos. Vale salientar que essa é uma divisão subjetiva, visto que, se outros aspectos fossem levados em consideração, outras edições poderiam ser lembradas.

5.3.1 Atenas – 1896

A cidade de Atenas, como já mencionado neste livro, foi escolhida para a primeira edição dos Jogos Olímpicos da Era Moderna, visto que o intuito era reviver a cultura grega. Para a realização do evento, houve até a restauração do estádio de atletismo Panathinaiko – inclusive de seus assentos de mármore, que tinham mais de dois mil anos (Platt, 2012). A construção foi utilizada nas competições de atletismo, que contaram com grande interesse e presença do público grego.

Os jogos, entretanto, foram ignorados pela imprensa internacional da época, e apenas 241 atletas participaram das disputas, entre os quais aproximadamente 170 eram gregos. Em outras palavras, além de não haver uma divulgação adequada do evento, as condições observadas nas viagens, que eram bastante difíceis e demoradas naquele período, tornaram essa primeira edição pouco mais que uma disputa entre atletas locais. Além disso, o evento apresentou pouca formalidade, como na conquista da medalha de ouro por John Boland no torneio de simples no tênis, algo que ocorreu por mera coincidência. Isso porque ele era um turista britânico passeando em Atenas durante a realização das Olimpíadas, mas que, por apresentar certa experiência na modalidade, foi chamado para integrar a equipe de seu país.

5.3.2 Paris – 1900

O sonho do Barão de Coubertin de ver os Jogos Olímpicos serem realizados em sua cidade natal se realizou em 1900. Entretanto, para convencer os líderes políticos franceses da viabilidade de receber as Olimpíadas, ele sugeriu que o evento fosse realizado como parte da *Exposition Universelle*, que ocorreria em Paris. Para termos uma ideia de como essa exposição era representativa, basta pensarmos que a famosa Torre Eiffel tinha sido construída para a exposição anterior, em 1889, também realizada em Paris.

No entanto, essa concorrência de atenção representou um péssimo retorno para o evento esportivo e, ao contrário do público grego, o povo francês não se envolveu com os jogos. É preciso mencionar, ainda, que o evento apresentou alguns contratempos, a saber: nas corridas, muitas vezes, os atletas precisavam disputar espaço com ovelhas e gados; o público não sabia da realização dessas corridas, o que levou os atletas a trombar com pedestres e carruagens pelas ruas; algumas modalidades foram disputadas no parque Bois de Boulogne, que tinha solo irregular e muitas árvores, o que fez com que alguns dardos ficassem presos nelas ao serem lançados; o Rio Sena, já muito poluído e com fortes correntezas, foi utilizado para as provas de natação; e havia pouquíssimos fiscais em todas as provas, o que acarretava confusões para definir os atletas vencedores (Platt, 2012).

5.3.3 Estocolmo – 1912

A edição olímpica na capital sueca foi a primeira a contar com atletas dos cinco continentes. Além disso, o evento não precisou disputar atenção com outro tipo de evento mundial, ou seja, o foco estava totalmente voltado às competições esportivas e a organização foi considerada um sucesso. Outra importante inovação dessa edição foi a utilização de cronômetros para marcar os tempos e decretar os resultados das disputas.

Naquele ano, também ocorreu a estreia oficial das mulheres nos Jogos Olímpicos, com a participação de 48 atletas nas disputas de natação e saltos ornamentais. Antes disso, elas haviam participado apenas em competições demonstrativas de esportes como ginástica e tênis. Apesar disso, essa inclusão não podia ser considerada unanimidade entre os organizadores e só aconteceu em virtude da grande pressão realizada por movimentos de mulheres, já que o próprio Barão de Coubertin era contrário a qualquer tipo de participação esportiva feminina. Quando ele saiu do comando do COI, em 1925, declarou que o avanço das mulheres nas Olimpíadas ia contra sua vontade, pois ele acreditava que os corpos femininos não combinavam com o esforço físico.

5.3.4 Antuérpia – 1920

A edição na cidade belga de Antuérpia marcou a retomada dos Jogos Olímpicos após uma pausa forçada em decorrência da Primeira Guerra Mundial, que impediu a viabilização da edição de 1916, prevista para Berlim. Entretanto, a realização da edição de 1920 não representou uma retomada integral das relações internacionais, já que os países derrotados na guerra, como Alemanha, Áustria, Bulgária, Hungria e Turquia, foram impedidos de participar do evento esportivo. Isso evidencia como não é possível desvincular qualquer tipo de evento mundial de influências políticas.

Embora realizada em uma cidade bastante destruída pelos combates armados, tal edição marcou o início da fase de consolidação dos Jogos Olímpicos, já que, a partir dela, algumas resistências que impediam a propagação do evento foram superadas – o que levou o evento a ter maior repercussão e adesão mundial (Almeida, 2015). Aliás, essa foi a primeira edição dos jogos a receber uma delegação brasileira, composta por aproximadamente 20 atletas, que conquistaram três medalhas – uma de ouro, uma de prata e uma de bronze –, todas na modalidade de tiro esportivo.

Para que você tenha uma noção de como ainda prevalecia o caráter amador dessas disputas, apresentamos a seguir duas curiosidades.

A equipe brasileira de tiro quase não conseguiu participar da competição porque suas armas e seus equipamentos foram furtados durante a viagem de navio para a Europa. A participação da equipe só foi possível porque o time estadunidense emprestou suas armas para que os brasileiros atirassem.

Além disso, nessa edição disputou-se a modalidade de cabo de guerra, algo impensável para o cenário atual do esporte.

Foi nos jogos de Antuérpia que se iniciou a tradição do juramento olímpico pelos atletas, a qual perdura até hoje, e que a famosa bandeira com os cinco anéis olímpicos foi hasteada pela primeira vez.

5.3.5 Berlim – 1936

A edição olímpica na capital alemã aconteceu durante a grande efervescência do regime nazista e poucos anos antes da eclosão da Segunda Guerra Mundial. Havia o desejo, por parte das forças do governo alemão, de que fosse comprovada a superioridade ariana por meio de grandes façanhas de seus atletas. Além disso,

Hitler queria provar a capacidade do regime em proporcionar um grande evento mundial – por isso o investimento financeiro foi bem acima do esperado.

Essa edição dos jogos marcou a volta da Alemanha ao cenário mundial após um período de isolamento em decorrência da derrota na Primeira Guerra Mundial – muitos historiadores acreditam, aliás, que essa edição deu ainda mais força e credibilidade para o lamentável projeto antissemita de Hitler.

Apesar desse interesse revelado pelo ditador e por seus seguidores, quem roubou a cena e brilhou nessa edição dos jogos foi Jesse Owens. O norte-americano de origem africana conquistou quatro medalhas de ouro no atletismo – 100 m rasos, 200 m rasos, revezamento 4 x 100 m e salto em distância – e causou constrangimento às autoridades alemãs. Sobre esse fato, surgiu um boato de que Hitler rompeu um suposto protocolo e recusou-se a cumprimentar Owens pelos seus feitos. Porém, de acordo com as fontes históricas, não fazia parte do protocolo oficial autoridades políticas locais premiarem e cumprimentarem os vencedores. Assim, é possível supor que esse fato foi cogitado no intuito de reforçar a péssima imagem mundial do comandante alemão *a posteriori*.

5.3.6 Londres – 1948

A capital inglesa recebeu a primeira edição olímpica posterior à Segunda Guerra Mundial. Embora a primeira opção fosse Tóquio[4], a cidade não teve condições estruturais para receber o evento, já que o Japão havia sofrido muitos danos durante a guerra.

Após um intervalo de 12 anos, o desafio foi tentar restaurar a convivência pacífica entre as nações. Como Londres também estava em reconstrução, as obras esportivas ajudaram nesse

---

[4] A cidade já havia sido escolhida como sede da edição de 1940, que não foi realizada em decorrência da guerra.

processo, e a edição a ficar conhecida como *Olimpíadas da Boa Vontade*. A missão foi ainda mais difícil em decorrência da morte do Barão de Coubertin, em 1937, o que contribuiu para enfraquecer o movimento olímpico. Ainda assim, alguns integrantes do comitê executivo do COI assumiram a responsabilidade e não deixaram que as Olimpíadas ficassem ainda mais tempo sem serem realizadas.

Entretanto, a Segunda Guerra continuou afetando o evento esportivo, visto que muitos países pediram ao COI que os componentes do Eixo (Alemanha, Itália e Japão) tivessem suas participações proibidas. A Alemanha foi realmente impedida de mandar representantes com a justificativa de que ainda não tinha um governo estável pós-guerra; o Japão foi convidado, mas preferiu não participar; e a Itália foi a única que enviou seus atletas.

Além de todo esse caráter político e de reconstrução, a edição olímpica de Londres também ficou marcada por ter sido a primeira a ser transmitida pela televisão.

5.3.7 Helsinque – 1952

Essa edição olímpica ficou marcada pela enorme disputa entre as potências mundiais em razão da Guerra Fria, já que o mundo estava dividido entre as influências socialista e capitalista, representadas pela União das Repúblicas Socialistas Soviéticas (URSS) e pelos Estados Unidos, respectivamente. A URSS tinha se mantido afastada das disputas anteriores, alegando que o esporte era uma prática capitalista, mas resolveu retornar para protagonizar com a potência ocidental uma das maiores rivalidades políticas vistas até hoje no esporte. A dicotomia era tão latente que as delegações de países socialistas e capitalistas ficaram hospedadas em lados opostos da cidade finlandesa. A Alemanha, de volta aos jogos, apresentou-se de maneira unificada, ou seja, sem a distinção entre Oriental e Ocidental, apesar de apenas atletas do Leste terem formado a delegação.

No âmbito esportivo, a disputa foi bastante equilibrada, e os Estados Unidos venceram a URSS no quadro de medalhas por uma pequena diferença: 76 medalhas contra 71. Foi também a primeira edição que contou com disputa mista entre homens e mulheres na prova de adestramento no hipismo, modalidade na qual a dinamarquesa **Lis Hartel** (1921-2009) ficou com a medalha de prata.

5.3.8 Munique – 1972

A edição olímpica de Munique é considerada a mais trágica e traumática de todos os tempos. Pela primeira vez, os jogos tiveram de ser paralisados, haja vista que, por cerca de 30 horas, terroristas palestinos mantiveram atletas israelenses como reféns na vila olímpica. Após intensa negociação, os terroristas – que pediam a soltura de cerca de 200 palestinos presos em Israel – perceberam que suas reivindicações não seriam atendidas e então solicitaram que fossem transportados até o Cairo, no Egito. As autoridades alemãs concordaram, no intuito de armar uma emboscada no aeroporto militar e recuperar os reféns, mas a operação foi um fracasso. Os nove reféns foram assassinados, juntamente com um policial e o piloto de um dos helicópteros que os tinham levado até lá, além de um atleta e de um técnico que haviam sido mortos já na invasão policial ao hotel. Cinco terroristas também morreram.

Essa ocorrência demonstrou o despreparo em que se encontrava a segurança nacional da Alemanha para aquele evento. Ainda no hotel, guardas se voluntariaram para invadir o local em que estavam os terroristas e os reféns, vestindo-se como atletas. Entretanto, o plano nem chegou a ser concretizado, pois toda a movimentação estava sendo televisionada. Assim, os terroristas tiveram acesso a tudo por meio dos aparelhos de televisão localizados nos quartos. Isso fez o evento, que tinha como principal objetivo melhorar a imagem mundial da Alemanha, ficar marcado como o mais trágico.

Muitas pessoas defenderam que os jogos deveriam ser cancelados, inclusive o presidente do comitê organizador e os chefes das delegações de países como Holanda e Noruega, mas o COI decidiu retomar as competições. Em decorrência desse fato, a segurança nos eventos olímpicos começou a ter de ser bastante reforçada, considerando-se que eventos esportivos dessa magnitude eram (e ainda são) boas oportunidades para divulgar causas políticas e também para gerar o terror.

5.3.9 Moscou – 1980

A edição de 1980 ficou marcada pelo boicote do bloco capitalista, liderado pelos Estados Unidos, aos Jogos Olímpicos. O país americano não aceitou mandar seus atletas para Moscou, capital da nação de maior representatividade do bloco socialista. O pretexto para essa decisão foi a invasão soviética ao Afeganistão, no ano anterior. No total, 61 países não participaram dessa edição olímpica, o que levou as competições a perder muito de seu apelo esportivo.

No entanto, os gastos com o evento atingiram o recorde até aquele momento, e foi nessa edição que as cerimônias de abertura e encerramento passaram a ter enorme importância, sendo consideradas grandes espetáculos. Provavelmente você já viu imagens do ursinho Misha, mascote dessa edição. Na cerimônia de encerramento das Olimpíadas de Moscou, a organização produziu um mosaico em formato gigante do mascote no qual ele aparece chorando – essa imagem sempre é mostrada nos veículos midiáticos quando se iniciam novos ciclos olímpicos.

5.3.10 Los Angeles – 1984

Como era de se esperar, 1984 foi o ano da resposta socialista ao boicote anterior. Liderados pela União Soviética, alguns países socialistas, como Alemanha Oriental e Cuba, boicotaram o evento realizado nos Estados Unidos. Contudo, isso não impediu o grande sucesso dessa edição, que contou com 140 países participantes. O evento, embora bastante desorganizado, foi a primeira edição que resultou em grande lucro em razão das transmissões televisivas, pois os organizadores ficaram com todos os direitos de transmissão. Além disso, o evento contou, pela primeira vez, com a iniciativa privada para sua realização, o que culminou em um lucro de mais de 200 milhões de dólares. Dessa forma, essa edição olímpica moldou os megaeventos como os conhecemos hoje. Foi a partir dela que se iniciou a grande disputa entre países e cidades para sediar os Jogos Olímpicos, já que eles se provaram capazes de movimentar a economia mundial em grande escala e trazer enorme visibilidade para a cidade-sede.

5.3.11 Barcelona – 1992

A cidade catalã recebeu a edição olímpica de 1992. Desde que fora escolhida como sede, em 1986, até a realização do evento, a cidade passou por um processo de completa reestruturação. Mais de 50 km de novas vias foram construídos para ligar os quatro locais de realização das atividades esportivas, o que aliviou o trânsito posteriormente.

Graças às obras, houve maior abertura para o mar, haja vista que antes a região portuária era preenchida basicamente por grandes galpões industriais e se caracterizava como um local sujo e pobre. Posteriormente aos jogos, essa região se transformou em uma das áreas mais cobiçadas da cidade, sendo atualmente conhecida como *Port Olímpic* e tida como símbolo da modernidade trazida por uma Olimpíada.

Barcelona também é utilizada como exemplo para demonstrar o ganho de importância no cenário mundial proporcionado por um evento de grande porte, pois seus índices de turismo e de realização de eventos culturais subiram assustadoramente – algo que chamamos de *legado positivo*.

5.4 As Olimpíadas na era dos megaeventos

Nas últimas décadas, as Olimpíadas se tornaram grandes espetáculos mundiais, além de gerar lucro para todas as empresas envolvidas e para o COI. Isso se tornou possível em virtude da enorme representatividade e do alcance do evento, que só ocorre de quatro em quatro anos. Nas edições de Londres (2012) e do Rio de Janeiro (2016), cerca de 3,5 bilhões de pessoas acompanharam os jogos pela televisão, o que corresponde à metade de toda a população mundial (Stycer, 2016).

A grande visibilidade atingida já justifica o expressivo interesse das cidades em sediar o evento. Para termos uma ideia de como esse fato é significativo, na concorrência para sediar os jogos de 2020, havia inicialmente seis cidades na disputa – e Tóquio acabou sendo a escolhida. Esse número de cidades, entretanto, ainda não foi o maior, haja vista que, para a edição de 2004, que acabou sendo realizada em Atenas, houve, em um primeiro momento, 11 candidatas.

Após essas acirradas eleições, que ainda contam com luxuosos eventos para o anúncio da cidade vencedora – você deve se lembrar da festa feita pelas autoridades brasileiras ao saberem da escolha do Rio de Janeiro para 2016 –, tem início a etapa de adequação da cidade para receber o evento. Tóquio foi eleita ainda em 2013, sete anos antes do evento, o que permitirá a construção das grandiosas estruturas necessárias para abrigar os jogos.

Os gastos das cidades-sede ao se enquadrarem nas exigências do COI atingem números estratosféricos. Alguns estudos, como o de Boturra (2014), demonstram que uma das características dos megaeventos é a tentativa de criação de cidades globais, por meio de um processo que abafa a cultura e as particularidades locais. O autor também aponta como característica o desenvolvimento de centros urbanos cada vez mais elitistas, que acabam afastando as classes populares para zonas ainda mais periféricas. Os Jogos Olímpicos mexem de tal modo com a estrutura das cidades-sede que se cria uma espécie de estado de exceção durante a realização do evento. Nos entornos de todas as instalações olímpicas, apenas produtos licenciados podem ser vendidos, o que prejudica empresas e comerciantes locais – além do afastamento de clientes devido ao período de obras que antecede o evento.

Nas eleições para escolher a cidade-sede de 2020, representantes da cidade espanhola de Madri tentaram apresentar uma proposta de baixo custo para a realização dos jogos – cerca de 11,2 bilhões de reais –, alegando que a cidade já possuía grande parte das instalações necessárias. Isso levou a cidade a ser eliminada antes da rodada final, composta por Tóquio e Istambul, as quais planejavam gastos bem maiores. Como comparação, estima-se que a cidade do Rio de Janeiro gastou aproximadamente 40 bilhões de reais para abrigar a edição de 2016 (Rosa, 2013).

No entanto, a grande justificativa utilizada pelos governantes nacionais e regionais para abrigar os jogos e gastar todo esse dinheiro reside exatamente na capacidade de modificação da estrutura física permanente das cidades. Nesse sentido, o exemplo mais utilizado é o de Barcelona, como já comentamos. Contudo, essa experiência não pode ser tomada como regra, pois os gastos exorbitantes com a edição olímpica do Rio de Janeiro não trouxeram os resultados esperados.

As Olimpíadas do Rio de Janeiro não foram encaradas pelos brasileiros como oportunidade de crescimento, mas como causadoras de problemas. O evento acabou sendo visto como forma de algumas pessoas enriquecerem de forma ilícita, pois os valores gastos acabaram não representando, na prática, toda a evolução que poderia ter sido ocasionada se os jogos fossem desenvolvidos a partir de um trabalho criterioso de planejamento. Um bom exemplo disso é o Maracanã, estádio carioca e maior símbolo do futebol brasileiro, que já havia sido reformado para os Jogos Pan-Americanos de 2007 e para a Copa do Mundo de 2014, mas que ainda assim recebeu um novo canteiro de obras para 2016. Os gastos estimados com estas duas últimas intervenções passaram de 1 bilhão de reais (Alves; Castro, 2013). Logo após a realização dos jogos de 2016, o estádio foi fechado e abandonado pela empresa que tinha direito de gerenciá-lo – a qual era investigada pelo pagamento de propina –, ou seja, foi utilizada uma grande quantia de dinheiro público e o estádio quase não foi utilizado. Nesse caso, a situação do local após os jogos piorou, já que, durante aproximadamente oito meses, não foi feita a manutenção correta e a estrutura do estádio deteriorou.

O caso do Rio de Janeiro provavelmente é um fator de mudança na lógica dos megaeventos, pois o montante de denúncias jornalísticas (pautadas em ampla documentação do Tribunal de Contas do Estado do Rio de Janeiro) levou a população a perceber os prejuízos do evento – algo que também já foi levado ao conhecimento de outros países.

A cidade italiana de Roma, por exemplo, desistiu da candidatura para sediar os jogos de 2024. A prefeita Virginia Raggi declarou que "as Olimpíadas são um sonho que se torna pesadelo" (Roma..., 2016). Já Boston, nos Estados Unidos, retirou sua candidatura para a mesma edição em decorrência de constantes protestos populares que reivindicavam o uso dos recursos públicos para outras necessidades. Assim, restaram para a edição de 2024 apenas duas cidades oficialmente candidatas: Paris e Los Angeles. Isso levou o COI a cancelar a disputa para os jogos de 2028, sob a justificativa de que a preterida para 2024 já seria automaticamente selecionada para a próxima edição. Assim, ficou da seguinte forma: Paris em 2024 e Los Angeles em 2028.

5.5 Os Jogos Paralímpicos

Após essa descrição histórica dos Jogos Olímpicos, abordaremos brevemente um novo ramo esportivo que vem ganhando força mundialmente: as disputas entre atletas com algum tipo de deficiência física.

Logo após o término da Segunda Guerra Mundial, a população de pessoas com deficiências físicas aumentou consideravelmente, pois muitos soldados foram feridos em batalha e acabaram perdendo membros ou funções do corpo. Nesse contexto, em 1944, o médico **Ludwig Guttmann** (1899-1980), a pedido do governo britânico, implantou no Hospital de Stoke Mandeville, localizado no distrito de Aylesbury, na Inglaterra, um centro especializado em tratamento de lesões na coluna. A partir disso, ele idealizou a utilização do esporte para a reabilitação de seus pacientes. Sob sua coordenação, cada vez mais pessoas se interessaram pela prática.

Em 1948, nas Olimpíadas de Londres, Guttmann realizou um evento de demonstração, no qual os atletas ingleses participaram de disputas de tiro com arco e basquete em cadeira de rodas. A ideia rapidamente se espalhou e atletas de outros países passaram a praticar desportos adaptados. Assim, em 1952, nos Jogos Internacionais de Stoke Mandeville, também organizados por Guttmann, compareceram aproximadamente 130 atletas de diferentes países.

A grande e crescente proporção atingida possibilitou a idealização de uma competição símile aos Jogos Olímpicos. Assim, a primeira edição dos Jogos Paralímpicos aconteceu em 1960, em Roma, ou seja, na mesma cidade-sede olímpica. Em 1964, Tóquio também sediou ambas as competições. Após isso, as edições de 1968, 1972, 1976, 1980 e 1984 aconteceram em cidades distintas das sedes do evento olímpico. As duas competições voltaram ao mesmo palco na edição de Seul, em 1988, e assim seguem até hoje.

Logo após o encerramento das competições olímpicas, entram em cena os atletas paralímpicos. Grande parte dos locais destinados a cada esporte são utilizados em ambas as competições – logicamente, com as devidas adaptações para os atletas com necessidades especiais.

As características do desporto adaptado são bastante particulares, haja vista a dificuldade de classificação do grau das lesões e das deficiências físicas dos atletas nos diversos esportes – classificação necessária para que haja uma competição mais justa e equilibrada. Para regular essas regras e organizar os eventos mundiais, foi criado, em 1989, o Comitê Paralímpico Internacional.

Síntese

Neste capítulo, tratamos dos antecedentes pouco conhecidos do movimento olímpico de Pierre de Coubertin e mostramos como ele se apropriou de outras ideias para coordenar o ressurgimento dos Jogos Olímpicos. Ao discorrermos sobre os valores olímpicos pregados pelo Barão de Coubertin e sua comissão, destacamos que nem sempre eles estiveram presentes – na realidade, eles vêm perdendo cada vez mais força com a ascensão dos obscuros interesses comerciais que permeiam o esporte.

Além disso, sintetizamos várias edições olímpicas que tiveram grande importância política e econômica no cenário mundial e apresentamos um breve histórico dos Jogos Paralímpicos.

ııı Indicações culturais

Livro

JENNINGS, A.; SIMSON, V. **Os senhores dos anéis**: poder, dinheiro e drogas nas Olimpíadas modernas. Tradução de Celso Nogueira. Rio de Janeiro: Best Seller, 1992.

Por meio desse livro, o jornalista inglês Andrew Jennings, em parceria com Vyv Simson, apresentou os resultados de suas investigações sobre esquemas fraudulentos, compra de votos e venda de favores dentro do Comitê Olímpico Internacional (COI) no fim do século XX. Nessa obra, Jennings defende que precisava mostrar o que a televisão e os jornais não contavam sobre o maior espetáculo esportivo do mundo. Ao longo desse livro, você perceberá como os ideais de competição sadia e a manutenção dos valores olímpicos não são os objetivos maiores das pessoas que comandam o esporte mundial, bem como de que maneira as Olimpíadas são comandadas pelos interesses de grandes multinacionais.

Filmes

MUNIQUE. Direção: Steven Spielberg. EUA: United International Pictures, 2005. 163 min.

O aclamadíssimo filme de Spielberg relembra o fatídico massacre de atletas e técnicos israelenses por terroristas palestinos durante a edição olímpica de Munique, em 1972. Por meio dessa produção, você poderá visualizar os acontecimentos tratados neste capítulo, os quais culminaram na operação de resgate fracassada dos reféns. São enfocados os desdobramentos que esse acontecimento causou aos países envolvidos, o qual se revelou apenas como mais um capítulo sombrio da triste história de guerra e conflito entre Palestina e Israel.

RACE. Direção: Stephen Hopkins. EUA: Diamond Films, 2016. 123 min.

Esse filme conta a história de Jesse Owens, atleta afro-americano que, em plena Alemanha nazista, conquistou quatro medalhas olímpicas. Ao assistir ao filme, atente para o fato de que o atleta sofria também com a segregação racial dentro de seu próprio país, ou seja, não era como se os Estados Unidos fossem totalmente bem-intencionados em relação à igualdade racial naqueles Jogos Olímpicos.

SANGUE nas águas. Direção: Krisztina Goda. Hungria: Bunyik Entertainment, 2006. 123 min.

Trata-se da história da semifinal olímpica de polo aquático entre Hungria e URSS no ano de 1956, em Melbourne, que ficou conhecida como *Batalha de Sangue*. A Hungria, que na época buscava seu tetra-campeonato olímpico, havia sido invadida por forças soviéticas meses antes das Olimpíadas. Isso ocorreu como represália a um levante popular que tomava força no país soviético contra a submissão do governo húngaro aos desmandos comunistas. Nesse episódio, mais de 2.500 cidadãos foram mortos durante manifestações. Assim, essa partida serviu como forma de revanche do orgulho húngaro. A seleção da Hungria era bastante superior tecnicamente à equipe soviética e não teve dificuldades esportivas para superar a rival. Entretanto, a derrota não foi aceita de forma pacífica, e os jogadores húngaros saíram da piscina como se estivessem deixando uma verdadeira batalha. Depois abrirem 4 a 0 no placar, todos os jogadores húngaros foram machucados, o que gerou manchas de sangue na água. A polícia precisou intervir, pois a torcida húngara tentou invadir e revidar a violência soviética. Assim, o jogo foi encerrado. Posteriormente, a Hungria ficou com o título.

■ *Atividades de autoavaliação*

1. Sobre o ressurgimento dos Jogos Olímpicos na Era Moderna, marque V para as alternativas verdadeiras e F para as falsas:

    ( ) Pierre de Frédy, ou Barão de Coubertin, reconhecido como o responsável pelo ressurgimento dos Jogos Olímpicos, foi o único a ter uma iniciativa nesses moldes durante o século XIX.

    ( ) Antes de o projeto do barão ter sido colocado em prática, outras tentativas de retomar os jogos já tinham acontecido, como as realizadas por Evangelis Zappas, na Grécia, e William Penny Brookes, na Inglaterra.

( ) O Barão de Coubertin sempre dividiu todos os créditos com os antecessores que o influenciaram a reviver os Jogos Olímpicos.

( ) Os Jogos Olímpicos já ressurgiram com caráter grandioso e mercadológico, contando com a participação de mais de cem países em sua primeira edição, em 1896.

( ) As mulheres não participaram das disputas desde a primeira edição, sendo incluídas posteriormente.

A seguir, assinale a alternativa que apresenta a sequência correta:

a) F, V, F, V, F.
b) F, V, F, F, V.
c) V, F, V, V, F.
d) V, F, F, V, V.
e) F, V, V, F, F.

2. Sobre os ideais olímpicos defendidos pelo Barão de Coubertin, marque a única alternativa **incorreta**:

   a) Eram baseados no amadorismo.
   b) Faziam referência ao *fair play*.
   c) Permitiam a ampla participação de mulheres nos jogos.
   d) Visavam à educação e à integração cultural entre os povos.
   e) Estão presentes na Carta Olímpica.

3. Com relação às Olimpíadas de Berlim, em 1936, é **incorreto** afirmar:

   a) Owens conquistou quatro medalhas de ouro no atletismo, nas provas de 100 m rasos, 200 m rasos, salto em distância e revezamento 4 × 100 m rasos.
   b) A organização alemã gastou muito mais do que o esperado com a realização daquela edição, no intuito de apresentar ao mundo a imagem de um país forte e reconstruído após a derrota na Primeira Guerra Mundial.

c) Comprovou-se ser verdadeira a versão histórica de que Adolf Hitler recusou-se a cumprimentar Owens após suas vitórias, já que o feito do atleta fragilizava a teoria da superioridade da raça ariana.

d) Nem todos os alemães concordavam com os ideais nazistas de Hitler e com o desejo de comprovação da superioridade ariana, haja vista que Luz Long, atleta alemão que competiu com Owens no salto em distância, ajudou-o a superar dificuldades na fase classificatória da prova.

e) O Estádio Olímpico de Berlim foi construído justamente para essa edição Olímpica.

4. Após a Segunda Guerra Mundial, iniciou-se um período denominado *Guerra Fria*, no qual duas grandes potências mundiais e líderes dos blocos capitalista e socialista brigaram pela supremacia de sua ideologia econômica e política no mundo. Isso teve reflexos nos Jogos Olímpicos, com boicotes de ambos os lados. Marque a alternativa que indica corretamente quando isso aconteceu e por quais países essa dicotomia era protagonizada:

a) A Alemanha, capitalista, boicotou os jogos de Londres, em 1948; a Inglaterra, socialista, boicotou os jogos de Munique, em 1972.

b) A Austrália, capitalista, boicotou os jogos de Helsinque, em 1952; a Finlândia, socialista, boicotou os jogos de Melbourne, em 1956.

c) Os Estados Unidos, capitalista, boicotaram os jogos de Roma, em 1960; a Itália, socialista, boicotou os jogos de Los Angeles, em 1984.

d) O México, capitalista, boicotou os jogos de Tóquio, em 1964; o Japão, socialista, boicotou os jogos da Cidade do México, em 1968.
e) Os Estados Unidos, capitalista, boicotaram os jogos de Moscou, em 1980; a URSS, socialista, boicotou os jogos de Los Angeles, em 1984.

5. Sobre a era da inserção das Olimpíadas no panorama dos megaeventos, avalie as assertivas a seguir:

   I. A realização dos jogos garante a todas as cidades-sede um grande legado positivo.
   II. O exemplo considerado mais bem-sucedido em relação ao conjunto de desenvolvimento estrutural, cultural e econômico de uma cidade pela exposição causada pelas Olimpíadas é o de Barcelona.
   III. Há, durante os jogos, a criação de um estado de exceção, no qual parte da cidade passa a ser gerenciada para atender às demandas das marcas patrocinadoras das Olimpíadas e do Comitê Olímpico Internacional (COI).
   IV. Anteriormente à realização de cada edição olímpica, geralmente há uma acirrada concorrência entre cidades de todo o mundo para se conquistar o direito de sediar os jogos.
   V. Cidadãos do mundo todo têm demonstrado, recentemente, muita vontade de que seus países sejam sede dos Jogos Olímpicos, tendo em vista as visíveis melhorias que esse evento traz às populações locais.

   A seguir, assinale a alternativa que indica as assertivas corretas:
   a) I, IV e V.
   b) I, II e III.
   c) II e IV.
   d) II, III e IV.
   e) III e V.

■ Atividades de aprendizagem

Questões para reflexão

1. Existem vários elementos presentes nas disputas das Olimpíadas que cada vez mais afastam o evento do ideal de educação integral por meio do esporte, conforme idealizado pelo Barão de Coubertin. Discorra sobre um deles.

2. Disserte sobre a presença de regras na época do amadorismo nas Olimpíadas. A fiscalização e a regulamentação sempre ocorreram de forma clara?

3. É possível desvincular eventos esportivos dessa magnitude, como são os Jogos Olímpicos, de aspectos políticos presentes no contexto mundial da época de sua realização ou da escolha das cidades-sede? Justifique sua resposta.

Atividade aplicada: prática

1. Visite a Hemeroteca Digital e analise como esse periódico tratou de pelo menos um dos episódios marcantes ocorridos nas Olimpíadas, como o boicote capitalista, liderado pelos Estados Unidos, às Olimpíadas de Moscou, em 1980.

    HEMEROTECA DIGITAL. Disponível em: <http://bndigital.bn.gov.br/hemeroteca-digital>. Acesso em: 21 nov. 2017.

Capítulo 6

A história do corpo

O corpo, para os estudiosos das ciências humanas, é um construto sócio-histórico. Em cada civilização, o corpo atendeu a interesses variados, tanto utilitários – como no caso do antigo ideal grego de ter um corpo forte e veloz para a sobrevivência – quanto de natureza mais complexa – como os referentes aos ideais de beleza contemporâneos que transcendem a preocupação com a saúde.

Nesse sentido, o objetivo deste capítulo é historicizar alguns padrões corporais presentes em importantes momentos históricos e também refletir sobre a concepção de corpo na atualidade. Logicamente, temos como guia condutor o papel do profissional da área de educação física nesse debate.

6.1 Os ideais de corpo e estética

Você já deve ter percebido que as representações estéticas são alteradas regularmente. Sabe aquela foto antiga de família, na qual todos estão com cabelos e roupas muito esquisitos? Se você já tem mais de 30 anos, é provável que estranhe as próprias fotos de infância. Acredite, uma barba estilo lenhador ou sobrancelhas extremamente marcadas, por exemplo, serão modismos estranhos para os jovens daqui a duas ou três décadas. Isso porque, assim como os hábitos, os costumes e as tradições, o corpo está sujeito a variáveis externas, que vão desde condições climáticas até regimes políticos.

Nas últimas décadas, principalmente, o corpo tem sido subordinado às poderosas indústrias da moda e da estética. Os próprios esportes são, ao mesmo tempo, influenciados pelos padrões estabelecidos por essas indústrias – principalmente as de material esportivo – e fomentadores de alguns padrões estéticos presentes no mundo globalizado.

Esses padrões que ditam o corpo ideal estão sujeitos ao conceito de *estética*, cujo significado, apesar do uso irrestrito, não é totalmente conhecido. Para Kant (1995), por exemplo, a estética está associada à percepção individual do que é o belo. Nas palavras do próprio filósofo:

> *Para distinguir se algo é belo ou não, referimos a representação, não pelo entendimento ao objeto em vista do conhecimento, mas pela faculdade da imaginação (talvez ligada ao entendimento) ao sujeito e ao seu*

sentimento de prazer ou desprazer. O juízo do gosto não é, pois, nenhum juízo de conhecimento, por conseguinte não é lógico e sim estético, pelo qual se entende aquilo cujo fundamento de determinação não pode ser senão subjetivo. Toda referência das representações, mesmo a das sensações, pode, porém, ser objetiva (e ela significa então o real de uma representação empírica); somente não pode sê-lo a referência ao sentimento de prazer e desprazer, pelo qual não é designado absolutamente nada no objeto, mas no qual o sujeito sente-se a si próprio do modo como ele é afetado pela sensação. (Kant, 1995, p. 47-48)

Quando alerta que a estética está vinculada à descoberta de algo ser belo ou não, Kant revela que ela está sujeita a outras definições, como a categoria antagônica à beleza: a feiura. Essas duas características estão tão atreladas na definição de *estética* que Umberto Eco, depois de lançar a obra *História da beleza* – na qual discorre sobre os valores do belo em diferentes produções artísticas ao longo da história –, sentiu a necessidade de lançar, logo em seguida, uma obra abordando a feiura – característica também muito presente nas artes –, intitulada *História da feiura*.

Obviamente, como a concepção de estética é uma experiência pautada nos sentidos, sua intensidade varia de acordo com a percepção avaliativa (o dito **juízo de gosto**) de cada indivíduo. Entre a beleza e a feiura existem dezenas de categorias intermediárias, como o agradável, o comum, o indiferente, o disforme, o desagradável, o singelo, o esquisito e o desproporcional. Há também categorias extremistas que ultrapassam os limites do belo e do feio, como o lindo, o encantador, o sublime (fundamental na obra de Kant), o ridículo, o horroroso, o hediondo e o infame.

O ideal de estética, como acentuado pelo autor, não faz parte do domínio da lógica, portanto não é conhecimento puro (do mundo apenas das ideias), tampouco de aplicação universal (um conceito totalizante). Assim, tendo em conta essa forte tendência à subjetividade, sempre que tratarmos de estética, devemos lembrar que ela é definida por uma ótica típica: algo que é belo para uma pessoa não necessariamente será belo para outra. Por exemplo, nós, autores deste livro, temos nossas divergências estéticas em relação ao esporte. Um não consegue ver beleza no *Mixed Martial Arts* (MMA), pois o considera uma modalidade excessivamente contundente; já o outro aprecia muito essa prática, pois a considera de rara beleza plástica, tanto em relação aos movimentos e golpes quanto no tocante às estratégias e técnicas usadas pelos(as) atletas. Isso é o que Kant define como **universalidade subjetiva** (Gumbrecht, 2007).

No entanto, a subjetividade da percepção sensorial de estética não significa que ela não possa ser aplicada e estendida a determinada civilização ou período histórico. Por exemplo, entre os atenienses havia certa divergência sobre quais seriam os corpos considerados belos ou feios, mas, sem dúvida, também existia um padrão geral.

Como explica Gumbrecht (2007, p. 39),

> A sensação que temos de que algo é ou não bonito depende exclusivamente de um sentimento interior "de prazer ou desprazer". Não precisamos de conceitos que justifiquem esse juízo estético, porque, como normalmente não há nada no mundo cotidiano em jogo, não precisamos traduzir nosso prazer pessoal para que os outros o compreendam. E, como é o mundo cotidiano que produz diferenças e hierarquias entre os indivíduos, também se depreende que – afastado de tais diferenças e hierarquias – podemos ter a expectativa de que outros seres humanos tenham os mesmos juízos de gosto que nós.

Quando descrevermos a seguir as características valorativas atribuídas aos corpos em diversas civilizações e épocas (principalmente aquelas já detalhadas no Capítulo 2), nós estaremos nos referindo, portanto, a um padrão.

6.2 Os padrões corporais da Antiguidade Clássica

No Capítulo 2, frisamos que a Grécia Antiga era formada por cidades-estado, chamadas de *pólis*, e que cada uma delas tinha as próprias características culturais. Em virtude dos costumes e hábitos distintos das pólis, a concepção estética de corpo também apresentou especificidades.

É dedutível que os espartanos – com seu caráter austero, prático e belicoso – atrelassem ao belo algumas características subjetivas não percebidas no plano físico, como a coragem, a bravura, a intrepidez, o heroísmo e o sacrifício. O corpo belo, então, era aquele treinado militarmente à exaustão, acostumado às privações e marcado pelas cicatrizes de combate. Já os atenienses foram, possivelmente, os primeiros a descolar o ideal de beleza corporal do corpo guerreiro e assumir o ideal do corpo em harmonia, oriundo da dedicação à ginástica e à música. Podemos perceber isso em um dos diálogos criados por Platão, em que seu mestre, Sócrates[1], dá indicativos da valorização do corpo belo e harmônico:

> — Para estas duas faces da alma, a corajosa e a filosófica, ao que parece, eu diria que a divindade concedeu aos homens duas artes, a música e a ginástica, não para a alma e o corpo, a não ser marginalmente, mas para aquelas faces, a fim de que se harmonizem uma com a outra, retesando-se o afrouxamento até onde lhes convier.

---

[1] Não existe consenso entre os pesquisadores da filosofia sobre quem foi exatamente Sócrates, até porque esse suposto filósofo não deixou nada escrito. Seus princípios e suas reflexões figuram nas obras de dois filósofos: Platão e Xenofonte (que se intitulavam seus discípulos), e também há algumas menções sobre ele na produção de Aristófanes, um teatrólogo. Alguns acreditam que realmente foi o mestre de Platão e de outros filósofos, isto é, em obras como *A república*, Platão descreve o aprendizado que teve com ele. Um segundo segmento, menor, acredita que Platão e Xenofonte, para fins didáticos, resolveram criar um personagem que explicasse os próprios pensamentos, isto é, tratava-se de uma figura fictícia. Ainda existem alguns poucos que consideram Sócrates um personagem híbrido, já que é a síntese de vários mestres que Platão e Xenofonte tiveram.

— Também me parece.

— Por conseguinte, aquele que melhor caldear a ginástica com a música e as aplicar à alma na melhor medida, – de um homem assim diríamos com toda a razão que seria o mais consumado músico e harmonista, muito mais do que o que afina as cordas umas pelas outras. (Platão, 2001, p. 150)

Ainda assim, é válido ressaltar que existia um sutil padrão corporal predominante na Grécia. Observe, a seguir, dois exemplos dos padrões de beleza da época.

Um exemplo clássico de padrão de beleza feminino é o de **Helena de Troia**. Em a *Ilíada*, de Homero, Helena aparece como pivô da guerra entre Troia e a confederação grega, visto que ela era casada com Menelau, rei de Esparta, e foge com Páris, príncipe de Troia. De acordo com Homero (2009, p. 98), "À torre vendo aproximar-se Helena, dizem baixo entre si: 'Não sem motivo povos rivais aturam tantos males! Que porte e garbo!'". Como fica evidente no trecho, Helena era considerada uma beldade por todos os povos gregos – a mulher mais bela do mundo.

Com relação ao corpo do homem, um exemplo mais concreto[2] é o de Alexandre, o Grande. Conforme as tendenciosas fontes históricas (já que muitas eram financiadas por ele mesmo), sobretudo as iconográficas, Alexandre era descrito como alguém forte, viril e corajoso, porém com um rosto jovial e simétrico e corpo esbelto e definido.

O ideal romano de beleza, embora valorizasse os corpos forjados na dor e preparados para a guerra, era símile ao grego. A religião pagã permitia maior liberdade corporal e sexual do

---

[2] Existe um duradouro, extenso e ainda não resolvido debate acerca da existência (ou não) da Guerra de Troia. Alguns acreditam que a obra de Homero, escrita aproximadamente quatro séculos após o evento, é o primeiro registro escrito de um episódio verídico que foi transmitido por gerações por meio da oralidade. Outros, ao contrário, defendem a tese de que o livro é uma obra literária, sendo a história apenas ficção.

que o cristianismo, doutrina que cresceria nos séculos subsequentes, reforçando assustadoramente o sentimento de pudor. O corpo pagão era sujeito apenas às condições climáticas. No verão da região mediterrânea, os corpos eram deixados à mostra, cobertos apenas com poucas e leves vestimentas, e o desejo sexual não respeitava o rígido padrão monogâmico[3] (imposto séculos depois pelo cristianismo), nem se seguiam os preceitos heteronormativos[4].

Os romanos e as romanas, principalmente no fim no período republicano e durante o império, valorizavam muito os cuidados corporais, principalmente em relação à assiduidade com a higiene e à melhora da aparência estética. Nas famosas termas (como exposto no Capítulo 2), diariamente, os cidadãos de ambos os sexos passavam horas, geralmente no fim da tarde, banhando-se em diferentes espaços (*thermarium*, *frigidarium* e *caldarium*)[5]. Eles podiam frequentar também as palestras, estruturas contíguas às grandes termas que ofereciam condições para que os indivíduos se exercitassem – geralmente sem fins militares. Essas atividades tinham como finalidade o melhoramento da saúde e o aprimoramento da beleza corporal (Funari, 2003).

Nesta seção, detalhamos apenas os padrões estético-corporais de duas das principais civilizações antigas que influenciaram a constituição da atual cultura ocidental. Logicamente, para quem aprecia o assunto, cabe a leitura de obras que tratam das concepções gerais de corpo em outras importantes civilizações antigas, como a egípcia, a persa, a síria, a celta e a hebreia.

---

[3] Na monogamia, os indivíduos estabelecem relação afetiva (de cunho sexual) com um único parceiro.

[4] Preceitos segundo os quais se concebem como normais apenas relações afetivas (de cunho sexual) entre homens e mulheres.

[5] Grandes banheiras (em alguns locais, piscinas), respectivamente, de água morna, fria e quente.

6.3 O corpo cerceado na Idade Média

Como afirmamos anteriormente, nos últimos séculos do período imperial romano, o cristianismo, aos poucos, tornou-se a religião dominante e oficial. Há alguns historiadores que até o consideram um dos motivos de declínio do próprio império, já que a violenta índole romana foi atenuada (Grimal, 2011).

O tenso período que se sucedeu ao Império Romano foi, conforme já abordamos, chamado de *Idade Média*. O mundo ocidental (representado pela Europa e suas imediações) foi fragmentado em vários pequenos reinos, sem que houvesse uma grande civilização com amplo domínio – ao menos inicialmente. Quem exercia forte poder simbólico era a própria doutrina cristã, que se transformou em uma instituição religiosa: a Igreja Católica Apostólica Romana.

Nessa época, provavelmente o corpo humano foi o que mais sentiu o poder coercitivo cristão. Negligenciado e entendido apenas como o receptáculo da alma, o corpo era considerado o gerador do pecado, por meio do qual se materializava o desejo carnal.

Pensando em uma sociedade regida pelos homens, os corpos não enquadrados em seus padrões eram os que mais sofriam as consequências opressivas. As mulheres eram responsabilizadas pelos desvios que os próprios homens manifestavam, pois, segundo os valores impostos, eram elas as responsáveis por "provocá-los". Já os homossexuais e os "desviantes" eram sumariamente condenados por terem desrespeitado as supostas normas cristãs. Além disso, acreditava-se que os incapacitados por algum distúrbio ou síndrome mental apresentavam tal condição como punição à conduta irregular de alguém da família.

O clima de controle social e tensão coletiva era tão grande que foi criado, no século XII, um segmento jurídico do catolicismo denominado *Tribunal da Santa Inquisição*, conforme apresentado no Capítulo 2. Extremamente atuante em alguns locais, sobretudo nas cidades maiores, esse tribunal era responsável pelos processos contra quem cometia algum crime de ordem religiosa – na nomenclatura técnica, as perigosas *heresias*. A fim de supostamente purificar o corpo do herege, eram realizadas torturas físicas e mentais (geralmente, ameaças de que ocorreria a tortura física propriamente dita). Para isso, eram utilizados objetos diversificados com fins exclusivos de ferir o corpo – por via de regra, com danos permanentes. Tais danos eram causados como forma de lembrar ao indivíduo, mesmo que fosse absolvido, que ele não deveria contrariar os valores da fé cristã.

6.4 O ideal renascentista de corpo

Em algumas cidades da Península Itálica, como Florença, Siena, Verona e Veneza, entre os séculos XIV e XVI, surgiu um movimento artístico-cultural, germinado depois em outros países da Europa, denominado *Renascimento*. Embora nessa época também tenha surgido o protestantismo, o poder da Igreja Católica não decaiu substancialmente. Ainda assim, a liberdade fomentada pelas famílias nobres detentoras do poder nessas cidades permitiu que um novo ideal de corpo emergisse.

O modelo era novamente o greco-romano. Algumas das pinturas e das esculturas mais celebradas e visitadas de todos os tempos foram produzidas nesse período, como *O nascimento de Vênus*, de Sandro Botticelli (Figura 6.1), *As três graças*, de Rafael Sanzio, *Homem vitruviano*, de Leonardo Da Vinci, e *Grupo de Laocoonte*[6], de Michelangelo. Em tais produções artísticas, é possível perceber

---

[6] Houve uma longa polêmica entre os especialistas – críticos de arte e também historiadores – a respeito da hipótese de a autoria dessa obra, hoje exposta nos Museus Vaticanos, ser mesmo de Michelangelo. A própria história da obra é confusa, pois remete à tentativa de fraudar uma antiga escultura romana mencionada em um texto de Plínio, o Velho.

as presenças da nudez, do despudor, da graciosidade, enfim, da beleza – seguindo os parâmetros estéticos definidos séculos antes, durante a soberania da cultura greco-romana.

Figura 6.1 *O nascimento de Vênus*, de Sandro Botticelli

BOTTICELLI, S. **O nascimento de Vênus**. [ca. 1485]. Têmpera sobre tela: 172,5 × 278,5 cm. Galleria Degli Uffizi, Florença.

Nessa obra de Sandro Botticelli, por exemplo, o autor, sob notória influência da arte clássica romana, pintou a deusa Vênus saindo de uma concha, cercada de outros personagens da mitologia greco-romana. A obra foi feita a pedido de Lorenzo di Medici, líder político pertencente à família mais importante da República de Florença e um grande mecenas[7]. Os críticos de arte afirmam que se trata de uma das mulheres mais belas já pintadas. Vênus, além de ser uma deusa pagã do amor e da beleza, de uma religião extinta exatamente por ter sido proibida pelo Vaticano, aparece nua e sensual na imensa tela de Botticelli, ou seja, o próprio corpo volta a aparecer com mais liberdade, sem as típicas coações medievais.

---

[7] Espécie de patrocinador das artes da época.

Figura 6.2 *Davi*, de Michelangelo

MICHELANGELO, B. **Davi**. 1501-1504. Escultura; 517 × 199 cm. Academia de Belas Artes, Florença.

Até *Davi* (Figura 6.2) e o teto da Capela Sistina[8] – obras de Michelangelo pautadas, obviamente, em episódios da história cristã – exaltam a beleza dos corpos definidos, descobertos e revelados. Como é possível perceber, esse padrão, que é a retomada da estética da Antiguidade, rompe definitivamente com o ideal de corpo da Idade Média.

---

[8] A pintura monumental da Capela Sistina foi financiada pelo Papa Júlio II.

6.5 O corpo na Modernidade

Uma nova ruptura em relação ao modelo corporal aconteceu como consequência da Revolução Industrial (Eco, 2004). O fluxo migratório para os centros urbanos fez com que cidades como Londres e Paris se tornassem metrópoles. A vida urbana intensificou o predomínio do sistema macroeconômico capitalista e, com efeito, o gradativo aumento do consumo. Nesse contexto, surgiu a indústria da moda, a qual conferiu novos contornos ao padrão estético-corporal.

Embora a moda já existisse há séculos, ela era praticamente destinada à nobreza, tanto que se atribui ao rei francês Luís XIV a invenção da alta-costura (Lipovetsky, 2009). No entanto, com o surgimento da indústria, todas as pessoas com condições mínimas de renda tiveram um pouco de acesso ao que estava na moda: roupas, maneira de se comportar e, sobretudo, o ideal de corpo. Na época, o corpo belo devia ser delineado e com um considerável tônus muscular (significativamente maior e mais definido do que o destacado pela arte renascentista).

Em virtude da influência inicial das companhias teatrais, dos periódicos e dos anúncios de produtos diversos associados à estética corporal – variando desde elixires e cremes até os drásticos espartilhos[9] –, o corpo se tornou uma espécie de mostra de um novo perfil de homem/mulher (Melo, 2000): sensível, ativo, enérgico, altivo, cosmopolita e, acima de tudo, elegante. Embora estivesse concentrado principalmente no segmento elitista europeu, esse tipo de consumo se expandiu para outros continentes em diferentes intensidades.

---

[9] Espécie de acessório feminino usado por baixo da vestimenta e que vai do quadril às costelas (até a região logo abaixo dos seios). Com um sistema de arames e/ou cadarços, ele permite comprimir a região ventral, aumentando, com o uso frequente, a correlação entre quadril (largo) e cintura (fina). Esse artefato era bastante desconfortável e, não raro, causava sérias lesões no corpo da mulher, como a fratura de alguma costela.

Acentuando ainda mais o alcance da moda – e, consequentemente, do novo padrão de corpo –, surgiu uma nova manifestação artística: o cinema. Ao longo do século XX, o cinema foi responsável por transformar artistas – um ofício até então de pouco *status* social (Mascarello, 2006) – em verdadeiras celebridades definidoras de padrões de beleza. Seus corpos passam a ser exaltados, desejados, cobiçados e enaltecidos, tornando-se um padrão a ser copiado.

A seguir, apresentamos uma linha do tempo com as referências de beleza masculina e feminina no século XX.

Quadro 6.1 Referências de beleza masculina e feminina no século XX

	Beleza masculina	Beleza feminina
Entre as décadas de 1910 e 1920	Douglas Fairbanks, Nils Asther, John Gilbert e Rudolph Valentino.	Theda Bara, Mary Pickford, Anita Page, Colleen Moore, Dolores Costello e Greta Garbo.
Década de 1930	Gary Cooper, Johnny Weissmuller (nadador olímpico que interpretou o personagem Tarzan), Clark Gable, Fred Astaire e Humphrey Bogart.	Ginger Rogers, Bette Davis, Marlene Dietrich e Katharine Hepburn.
Década de 1940	Errol Flynn, Henry Fonda, Cary Grant e Laurence Olivier.	Ingrid Bergman, Lauren Bacall, Rita Hayworth, Vivien Leigh, Judy Garland e Lana Turner.
Década de 1950	James Stewart, Marcello Mastroianni, Kirk Douglas, Tony Curtis, Marlon Brando, Elvis Presley e James Dean.	Grace Kelly, Brigitte Bardot, Audrey Hepburn e Marilyn Monroe.

(continua)

(Quadro 6.1 – conclusão)

	Beleza masculina	Beleza feminina
Década de 1960	Sean Connery, Peter Fonda, Alain Delon e Paul Newman.	Anita Ekberg, Elizabeth Taylor, Ursula Andress, Claudia Cardinale e Catherine Deneuve.
Década de 1970	Clint Eastwood, Robert de Niro, Burt Reynolds, John Travolta, Al Pacino, Michael Douglas, Robert Redford e Harrison Ford.	Jane Fonda, Jessica Lange, Raquel Welch, Mia Farrow, Kate Hudson e Faye Dunaway.

Nessas décadas, a fama ainda era pautada na conjugação entre talento e beleza corporal. Em outras palavras, o padrão de beleza ainda era acessível e moderado, próximo à média ideal (de peso, estatura, gordura corporal, definição muscular etc.). Assim, do início da década de 1910 até o fim da década de 1970, mesmo oscilando significativamente com o passar do tempo, o ideal de corpo belo era praticamente emparelhado ao de saúde.

Em síntese, o modelo de corpo propagado pela indústria cinematográfica (e a partir dos anos 1950, também pela TV) era considerado saudável. Era uma beleza atingível, muito longe daquela que veremos na sequência: a do corpo que foge aos padrões de normalidade, pois rompe com os padrões populacionais médios e, ainda mais, com o que podemos entender por *corpo saudável*.

6.6 O atual padrão estético e o corpo enfermo

Como você deve ter reparado, nossa linha do tempo chegou até o fim da década de 1970. Obviamente, existe um motivo para tal escolha. A partir desse período, ocorreu uma ruptura drástica em relação à concepção de corpo. Por meio da influência externa da alta-costura (responsável por definir as tendências da moda), dos meios de comunicação de massa (principalmente a TV[10]) e também dos esportes (com a ampliação do uso de substâncias dopantes, como os anabólicos artificiais), o prefixo que passou a explicar as alterações nos padrões corporais, sem dúvida, foi o *hiper* (corpos hipertrofiados, hipermagros, hiperaltos, hipertrabalhados, hiperesculpidos e hiperdefinidos).

Essas mudanças são reflexos da dita *pós-modernidade*: um processo complexo no qual o homem moderno e seus valores são fragmentados e algumas supostas verdades – originárias principalmente do avanço promissor da ciência – são colocadas em xeque, reconfigurando identidades que passam a ser cada vez mais volúveis e frágeis (Hall, 2003).

Como afirmamos na seção anterior, a média da população já não é dada como o padrão. Ao contrário, a beleza corpórea agora vem do exótico, do completamente diferente, daquilo que é fora da curva, impossível de se atingir. Esses corpos – emergidos nas conturbadas décadas de 1980 e 1990[11] – são tão desejados ou até mais do que aqueles do passado, pois, com a popularização dos aparelhos televisores e da publicidade e propaganda, são vistos com mais frequência e com qualidade de imagem sensivelmente superior.

No cinema da década de 1980, destacaram-se os artistas masculinos hipertrofiados – algo conquistado geralmente à base de esteroides anabólicos (principalmente a testosterona). Esses corpos talhados e untados, alguns incorporados diretamente das competições de fisiculturismo, fizeram amplo sucesso no cinema.

---

[10] Essa influência, praticamente unilateral das emissoras de TV em relação ao seu público entre os anos 1950 e 1980, é menor e mais complexa na atualidade em virtude do uso de redes sociais em mídias digitais. Atualmente, o público telespectador é muito mais atuante e crítico (Jenkins, 2009).

[11] Basta pensar que, nesse período, ocorreu a queda do Muro de Berlim, a fragmentação da União das Repúblicas Socialistas Soviéticas (URSS) e, consequentemente, o fim do mundo bipolarizado, já que a única hiperpotência passou a ser os Estados Unidos (Blainey, 2008).

Quem não se lembra de Arnold Schwarzenegger em *Conan, o Bárbaro* e em *O exterminador do futuro*? Ou de Sylvester Stallone no papel de Rocky Balboa, o rústico lutador de boxe da Filadélfia?

Por mais fortes que esses corpos possam parecer, atualmente, sabemos que o uso indiscriminado de anabólicos pode causar graves problemas de saúde, como aumento da pressão, propensão a alguns tipos de câncer e doenças de fígado, calvície e esterilidade.

No ramo esportivo, enquanto atletas considerados belos até os anos 1970, como **Heleno de Freitas** (1920-1959) e **Hilderaldo Luís Bellini** (1930-2014) – capitão da seleção brasileira em 1958 –, conseguiam alcançar apenas o público local, não ultrapassando sequer os próprios limites do país, os ícones que surgiram a partir da década de 1990, como o inglês **David Beckham**[12] (1975-), tornaram-se megacelebridades.

Embora algumas mulheres tenham aderido a esse padrão hipertrofiado e, consequentemente, aos anabólicos – correndo riscos de saúde similares, como a infertilidade –, o padrão feminino de beleza foi instituído pelas grandes marcas de vestuário, sobretudo aquelas de alta-costura e de renome pertencentes à tríade da moda: Paris, Nova Iorque e Milão.

Os corpos femininos notoriamente magros, altos e com baixíssimo percentual de gordura tornaram-se referência nas passarelas, mas levaram (e ainda levam) jovens meninas ao limiar de transtornos alimentares, como a bulimia e a anorexia. Do mesmo modo, esse tipo de corpo – sofrido, marcado por cirurgias plásticas de cunho estético, dietas rígidas e práticas radicais, como o uso

---

[12] Beckham participou de diversas campanhas publicitárias, figurou em produções hollywoodianas e até mesmo se casou com outra celebridade do meio musical, a ex-modelo e integrante do grupo Spice Girls Victoria Beckham (Sebrenski; Capraro; Cavichiolli, 2010).

de laxantes e diuréticos –, apesar de enquadrado como típico do gênero feminino, também foi adotado por alguns homens.

Uma inquietação bastante atual na área de saúde é que nunca houve tanta preocupação com a estética corporal. Além disso, a beleza almejada rompe com a definição daquilo que é tido como saudável. O acesso facilitado a drogas sintéticas que causam transformações corporais rápidas, como os anabólicos, são cada vez mais comuns em academias de ginástica, o ambiente típico de atuação do profissional de educação física.

Por isso, em um período de radicalismo, ele precisa agir com ética e ponderação e atuar segundo os princípios de sua formação, valorizando, antes da beleza, a obtenção da saúde. Em suma, o bonito é ser saudável.

Síntese

Neste capítulo, discorremos sobre o conceito de *estética* e as diversas percepções do belo. Reforçamos que o ideal de beleza é uma construção sócio-histórica emitida com base em determinado juízo valorativo. Em outras palavras, os padrões de beleza estão sujeitos a variações conforme o tempo e o espaço, atendendo a diferentes necessidades culturais.

Em seguida, descrevemos os padrões de beleza corporal em diversas épocas e culturas, tendo como foco o mundo ocidental. Na Antiguidade, os padrões seguiam valores práticos, como a força e a coragem, características necessárias em razão das constantes guerras. Apesar disso, identificamos uma exceção nos padrões atenienses ao analisarmos as reflexões de Platão, que concebia como valor estético a harmonia derivada da conjugação entre música e ginástica, ou seja, o padrão de beleza não era necessariamente associado ao bélico.

Ao abordarmos a Idade Média, destacamos a coibição do corpo, apresentada no Capítulo 2. Isso porque o corpo era entendido como o maior gerador do pecado, tanto que a Santa Inquisição comumente imprimia dor a ele por meio da tortura, sob a alegação de que estaria, assim, purificando a alma. O rompimento desse modelo opressivo só ocorreu a partir do século XIV, quando floresceu, em algumas cidades europeias, o movimento artístico-cultural denominado *Renascimento Cultural* – uma espécie de retorno aos padrões corporais greco-romanos.

Já na Modernidade, os padrões corporais se tornaram amplamente difundidos por meio de novas tecnologias, como as fotografias (expostas em revistas e jornais) e o cinema. No entanto, embora já houvesse uma espécie de padrão global, ele ainda respeitava a correlação entre beleza e saúde.

Por fim, refletimos sobre os preocupantes padrões de beleza atuais, em que a percepção do corpo, seguindo ditames da moda, do cinema e até do esporte, rompe com os preceitos de saúde para sustentar um ideal de beleza praticamente inalcançável.

III *Indicações culturais*

Livro

COURBIN, A.; COURTINE J. J.; VIGARELLO, G. (Org.). **História do corpo**. Tradução de Lucia M. E. Orth e Ephraim Ferreira Alves. Petrópolis: Vozes, 2008. 3 v.

Composta por três volumes, essa obra contempla as mais diversas perspectivas historiográficas e sociológicas sobre os padrões corporais ao longo dos séculos. Trata-se de um clássico dos estudos sobre o corpo.

Filmes

MAIOR, mais forte, mais rápido. Direção: Chris Bell. EUA: Magnolia Pictures, 2008. 105 min.

Trata-se de um documentário que, embora um tanto sensacionalista – nos moldes das produções de Michael Moore –, apresenta uma objetiva discussão sobre o uso quase indiscriminado dos anabólicos em academias dos Estados Unidos. O filme revela que esse fenômeno ocorreu após a influência das grandes referências midiáticas dos anos 1980 e 1990, como o ator Sylvester Stallone, o fisiculturista e ator Arnold Schwarzenegger e o lutador de *telecatch* Hulk Hogan. O diretor também passa por casos famosos de *doping* no cenário esportivo da época, como o do corredor canadense Ben Johnson nos Jogos Olímpicos de Seul, em 1988.

O DIABO veste Prada. Direção: David Frankel. EUA: Twentieth Century Fox, 2006. 109 min.

Esse filme faz uma bem-humorada crítica aos padrões de beleza impostos pela indústria da moda. Nesse longa-metragem, a moda é apresentada no contexto da intensa e estressante vida de uma executiva que trabalha na produção da conceituada *Runway*, uma revista de moda. O filme nos permite refletir sobre até que ponto podemos atender aos ditames (e à velocidade) impostos pela moda sem comprometer a própria vida afetiva, familiar e social.

■ Atividades de autoavaliação

1. Sobre a estética corporal, marque a a única alternativa **incorreta**:

    a) A estética não comporta somente o belo, mas também o feio e tudo o que fica nesse entremeio.

    b) A estética é um construto social e histórico que varia de acordo com a época e o local.

c) A estética, essencialmente, refere-se ao belo, sendo descartada qualquer outra categoria.

d) Alguns dos principais autores que trataram dos padrões estéticos foram Umberto Eco, Hans Ulrich Gumbrecht e Georges Vigarello.

e) A estética é pautada em juízos de valor, isto é, cada indivíduo pode apresentar percepções pessoais.

2. Observe a estátua a seguir, do ditador Júlio César.

liberowolf/Shutterstock

Com base nessa figura, é correto afirmar sobre o corpo na Antiguidade:

a) O que importava era a beleza física. Os indivíduos que não fossem dotados de tal característica deveriam ser considerados apenas guerreiros ou escravos.
b) O corpo belo era representado de maneira idêntica nas diversas pólis gregas.
c) Os romanos agregavam à beleza valores subjetivos, como os de bravura e coragem.
d) Sequer existia um ideal de beleza nesse período.
e) O único valor estético era subjetivo: a inteligência.

3. O corpo durante a Idade Média foi:

a) extremamente valorizado, tendo em vista que a força física era necessária para a construção de vários templos religiosos.
b) coibido, cerceado e oprimido em razão dos valores cristãos levados ao exagero. Não raro, era imposta ao indivíduo a dor física.
c) enaltecido, sobretudo o das mulheres, já que elas passaram a ter plena liberdade e direitos assegurados.
d) tratado sem grandes novidades: alguns o valorizavam e outros o negligenciavam. Portanto, dependia exclusivamente da vontade individual.
e) nenhuma das alternativas anteriores está correta.

4. Leia o trecho a seguir:

Observam-se discussões sobre o corpo que abrangem predominantemente aspectos da saúde, da forma e da alimentação. Entretanto, considera-se a existência de contradições presentes em diversos discursos: orientações médicas, informações contidas em publicidades de alimentos, mensagens midiáticas sobre estética corporal ou opiniões contidas em clichês interiorizados e pertencentes ao senso comum. Há uma verdadeira 'ditadura da magreza' imposta pela mídia, que torna as pessoas obsessivas em relação à alimentação, principalmente as mulheres, mas também os homens e as crianças. (Camargo et al., 2011, p. 259)

Com base na citação, quais eram as principais características do corpo considerado belo na Modernidade?

a) Alto, robusto, sensato e criativo.
b) Obeso, negligente, voraz e consumista.
c) Ativo, forte, enérgico e cosmopolita.
d) Reflexivo, estudado, anatômico e resistente.
e) Cibernético, artificial, mutável e utópico.

5. Principalmente após os anos 1980, qual é o problema associado ao padrão corporal que afeta os profissionais da área de educação física?

a) A desvalorização da profissão e, consequentemente, a baixa remuneração.
b) O completo descaso: o corpo nunca foi tão desvalorizado como no presente.
c) A existência de produtos que podem assegurar o aumento de massa muscular e a redução do percentual de gordura, mas que ainda não são acessíveis à grande parte da população.
d) O rompimento entre os ideais de beleza e de saúde, isto é, o corpo considerado belo não é necessariamente saudável.
e) A crescente procura por atividades físicas, porém sem o devido acompanhamento profissional.

■ Atividades de aprendizagem

Questões para reflexão

1. Discorra sobre o conceito de *estética*.

2. Apresente uma reflexão sobre o corpo na atualidade e o papel do educador físico diante dessa situação.

3. Na Modernidade, o corpo ideal foi pautado em personalidades que surgiram com as novas tecnologias de entretenimento, como o cinema e a TV. Nesse sentido, selecione quatro ou cinco artistas listados no Quadro 6.1 (caso deseje, você poderá acrescentar outros), tanto do sexo feminino quanto do masculino; o importante é que sejam de épocas diversas. Depois, esboce uma comparação entre os padrões de beleza que eles representavam.

Atividade aplicada: prática

1. Faça uma visita virtual a um museu, como o Museu do Vaticano, e descreva a concepção de corpo presente nesse espaço.

Considerações finais

Nesta obra, inicialmente tratamos da relevância dos estudos históricos e da forma como a história se vincula à disciplina de Educação Física. Além disso, discorremos sobre os tipos de fontes históricas e mostramos de que maneira o pesquisador pode conduzir sua pesquisa com base nelas.

Tendo em vista essa importância atribuída ao estudo da história, destacamos, no Capítulo 1, alguns pontos da história da educação física e examinamos de que maneira ela se tornou uma disciplina da área. A partir disso, apresentamos, no Capítulo 2, conteúdos referentes à história da educação física, como as atividades físicas na Antiguidade Clássica, na Idade Média e no Renascimento.

No Capítulo 3, voltamo-nos para o surgimento da educação física no Brasil e sua inserção como disciplina escolar. Também abordamos, no Capítulo 4, o surgimento do futebol no Brasil, a fim de buscar esclarecer como ele se tornou parte da identidade cultural do país. Ainda no mesmo capítulo, aprofundamos a diferenciação entre os conceitos de *jogo* e *esporte*.

No Capítulo 5, tratamos das diferenças entre os Jogos Olímpicos da Antiguidade e as Olimpíadas modernas, retomando, para isso, a maneira como o evento foi revivido no século XIX. Por meio dessa comparação, pudemos elucidar, de maneira mais aprofundada, por que os jogos da Antiguidade não podem ser concebidos como antecessores diretos dos esportes modernos.

Por fim, no Capítulo 6, discorremos sobre os padrões estéticos que guiaram as principais civilizações até os dias atuais. Essa análise permitiu que examinássemos por que os padrões atuais são tão problemáticos, principalmente ao se romper o vínculo com a saúde.

Como a história não é uma ciência exata e dada a riqueza de possibilidades que pode nos proporcionar, logicamente, outros professores da área poderiam ter escolhido trajetórias diferentes para a escrita desta obra. Por isso, caso você tenha se interessado por esse campo do saber, saiba que este é somente o começo de sua vida como pesquisador.

Referências

ALMEIDA, B. S. de. **Altius, citius, fortius... ditius?** Lógicas e estratégias do Comitê Olímpico Internacional, comitê de candidatura e governo brasileiro na candidatura e escolha dos Jogos Olímpicos e Paralímpicos Rio 2016. 324 f. Tese (Doutorado em Educação Física) – Universidade Federal do Paraná, Curitiba, 2015.

ALVES, M.; CASTRO, C. O. Maracanã já consumiu 1,2 bilhão em três reformas. **O Globo**, 23 fev. 2013. Esportes. Disponível em: <https://oglobo.globo.com/esportes/maracana-ja-consumiu-12-bilhao-em-tres-reformas-7659643>. Acesso em: 7 nov. 2017.

ARAÚJO, S. R. R. **Religião, política e revolta de escravos**: o caso de Espártaco. Niterói: CEIA/Departamento de História da UFF, 2006.

AZEVEDO, F. **Da educação physica**: o que ela é, o que tem sido e o que deveria ser. São Paulo: Weiszflog Irmãos, 1920.

BERTONHA, J. F. **Os italianos**. São Paulo: Contexto, 2005.

BLAINEY, G. **Uma breve história do século XX**. Curitiba: Fundamento Educacional, 2008.

BLOCH, M. **Apologia da história ou o ofício de historiador**. Rio de Janeiro: J. Zahar, 2002.

BOTTICELLI, S. **O nascimento de Vênus**. 1483. Têmpera sobre tela: 172.5 cm × 278.5 cm. Galleria degli Uffizi, Florença.

BOTURRA, A. C. de L. O paradigma da cidade global e as Olimpíadas do Rio de Janeiro. **Oculum Ensaios**, v. 11, n. 1, p. 119-135, jan./jun. 2014. Disponível em: <http://periodicos.puc-campinas.edu.br/seer/index.php/oculum/article/download/2286/1823>. Acesso em: 7 nov. 2017.

BRASIL. Ato Institucional n. 5, de 13 de dezembro de 1968. **Diário Oficial da União**, Poder Executivo, Brasília, 13 dez. 1968. Disponível em: <http://www.planalto.gov.br/ccivil_03/AIT/ait-05-68.htm>. Acesso em: 7 nov. 2017.

BRASIL. Constituição (1934). **Diário Oficial [da] República dos Estados Unidos do Brasil**, Rio de Janeiro, 16 jul. 1934.

BRASIL. Decreto-Lei n. 3.199, de 14 de abril de 1941. **Diário Oficial da União**, Poder Executivo, Rio de Janeiro, 16 abr. 1941. Disponível em: <http://www.planalto.gov.br/ccivil_03/decreto-lei/1937-1946/Del3199.htm>. Acesso em: 7 nov. 2017.

BRASIL. Decreto n. 4.553, de 27 de dezembro de 2002. **Diário Oficial da União**, Poder Executivo, Brasília, 30 dez. 2002. Disponível em: <http://www.planalto.gov.br/ccivil_03/decreto/2002/d4553.htm>. Acesso em: 7 nov. 2017.

BRASIL. Decreto n. 7.247, de 19 de abril de 1879. **Coleção de Leis do Império do Brasil**, 1879, p. 196. Disponível em: <http://www2.camara.leg.br/legin/fed/decret/1824-1899/decreto-7247-19-abril-1879-547933-publicacaooriginal-62862-pe.html>. Acesso em: 7 nov. 2017.

BRASIL. Câmara dos Deputados. **A história da Câmara dos Deputados**: a 3ª República. ago. 2008. Disponível em: <http://www2.camara.leg.br/a-camara/conheca/historia/historia/a3republica.html>. Acesso em: 7 nov. 2017.

CAILLOIS, R. **Os jogos e os homens**. Lisboa: Cotovia, 1990.

CALDAS, W. **O pontapé inicial**: memória do futebol brasileiro. São Paulo: Ibrasa, 1990.

CAMARGO, B. V. et al. Representações sociais do corpo: estética e saúde. **Temas em Psicologia**, São Paulo, v. 19, n. 1, p. 257-268, 2011. Disponível em: <http://pepsic.bvsalud.org/pdf/tp/v19n1/v19n1a21.pdf>. Acesso em: 7 nov. 2017.

CAPRARO, A. M. Esporte, cidade e modernidade: Curitiba. In: MELO, V. A. de (Org.). **Os sports e as cidades brasileiras**: transição dos séculos XIX e XX. Rio de Janeiro: Apicuri, 2010. p. 147-167.

CAPRARO, A. M. et al. O semiprofissionalismo no futebol brasileiro: representação episódica, fenômeno sistêmico. **Revista de História Regional**, Ponta Grossa, v. 17, n. 2, p. 534-555, 2012. Disponível em: <http://www.revistas2.uepg.br/index.php/rhr/article/download/4308/3250>. Acesso em: 7 nov. 2017.

CASTELLANI FILHO, L. **Educação física no Brasil**: a história que não se conta. 19. ed. Campinas: Papirus, 2013.

CASTELLANI FILHO, L. et al. **Metodologia do ensino de educação física**. São Paulo: Cortez, 1992.

CERCA da metade do mundo deve acompanhar Jogos Rio 2016, diz COI. **IG**, São Paulo, 17 ago. 2016. Esporte. Disponível em: <http://esporte.ig.com.br/olimpiadas/2016-08-17/audiencia-coi-rio-2016.html>. Acesso em: 7 nov. 2017.

CHADE, J. Mais de 3,2 bilhões de pessoas assistiram à Copa do Mundo 2014. **Estadão**, 16 dez. 2015. Esportes. Disponível em: <http://esportes.estadao.com.br/noticias/futebol,mais-de-3-2-bilhoes-de-pessoas-viram-a-copa-em-2014,1812267>. Acesso em: 7 nov. 2017.

COB – Comitê Olímpico do Brasil. **Filosofia olímpica de vida**. Disponível em: <https://www.cob.org.br/pt/cob/movimento-olimpico/o-olimpismo>. Acesso em: 7 nov. 2017.

COI – Comitê Olímpico Internacional. **Carta Olímpica**. Tradução de Alexandre Miguel Mestre e Filipa Saldanha Lopes. Lisboa: Instituto Português de Desporto e Juventude, 2011. Disponível em: <http://www.pned.pt/media/1460/cartaolimpica.pdf>. Acesso em: 7 nov. 2017.

DA MATTA, R. Esporte na sociedade: um ensaio sobre o futebol brasileiro. In: DA MATTA, R. et al. **Universo do futebol**: esporte e sociedade brasileira. Rio de Janeiro: Pinakotheke, 1982. p. 19-42.

DROYSEN, J. G. **Alexandre, o Grande**. Tradução de Mauro Baladi e Regina Schopke. Rio de Janeiro: Contraponto, 2010.

ECO, U. **História da beleza**. Tradução de Eliana Aguiar. Rio de Janeiro: Record, 2004.

ECO, U. **História da feiura**. Tradução de Eliana Aguiar. Rio de Janeiro: Record, 2007.

ELIAS, N. A gênese do desporto: um problema sociológico. In: ELIAS, N.; DUNNING, E. **A busca da excitação**. Tradução de Maria Manuela Almeida e Silva. Lisboa: Difel, 1992. p. 187-219. (Coleção Memória e Sociedade).

ELIAS, N. **O processo civilizador**: uma história dos costumes. Tradução de Ruy Jungmann. Rio de Janeiro: J. Zahar, 1994. v. I.

ELIAS, N.; DUNNING, E. **A busca da excitação**. Tradução de Maria Manuela Almeida e Silva. Lisboa: Difel, 1992. (Coleção Memória e Sociedade).

FRANZINI, F. Esporte, cidade e modernidade: São Paulo. In: MELO, V. A. de (Org.). **Os sports e as cidades brasileiras**: transição dos séculos XIX e XX. Rio de Janeiro: Apicuri, 2010. p. 49-70.

FUNARI, P. P. **A vida quotidiana na Roma Antiga**. São Paulo: Annablume, 2003.

GARRAFFONI, R. S. **Gladiadores na Roma Antiga**: dos combates às paixões cotidianas. São Paulo: Annablume/Fapesp, 2005.

GASPARI, E. **A ditadura acabada**. Rio de Janeiro: Intrínseca, 2016. v. 5. (Coleção Ditadura).

GINZBURG, C. **O queijo e os vermes**: o cotidiano e as ideias de um moleiro perseguido pela Inquisição. Tradução de José Paulo Paes e Maria Betania Amoroso. São Paulo: Companhia das Letras, 2006.

GOELLNER, S. V. Mulher e esporte no Brasil: entre incentivos e interdições elas fazem história. **Pensar a Prática**, Goiânia, v. 8, n. 1, p. 85-100, jan./jun. 2005a. Disponível em: <https://www.revistas.ufg.br/fef/article/download/106/101>. Acesso em: 7 nov. 2017.

GOELLNER, S. V. Mulheres e futebol no Brasil: entre sombras e visibilidades. **Revista Brasileira de Educação Física e Esportes**, São Paulo, v. 19, n. 2, p. 143-151, abr./jun. 2005b. Disponível em: <https://www.revistas.usp.br/rbefe/article/download/16590/18303>. Acesso em: 7 nov. 2017.

GOIS JÚNIOR, E. **Os higienistas e a educação física**: a história de seus ideais. 183 f. Dissertação (Mestrado em Educação Física) – Universidade Gama Filho, Rio de Janeiro, 2000. Disponível em: <https://www.sanny.com.br/downloads/mat_cientificos/oshigienistas.pdf>. Acesso em: 7 nov. 2017.

GOIS JÚNIOR, E.; GARCIA, A. B. A eugenia em periódicos da educação física brasileira (1930-1940). **Revista da Educação Física/UEM**, Maringá, v. 22, n. 2, p. 247-254, 2011. Disponível em: <http://www.periodicos.uem.br/ojs/index.php/RevEducFis/article/download/9908/7649>. Acesso em: 7 nov. 2017.

GRANDAZZI, A. **As origens de Roma**. Tradução de Christiane Gardvohl Colas. São Paulo: Ed. da Unesp, 2010.

GRIMAL, P. **História de Roma**. Tradução de Maria Leonor Loureiro. São Paulo: Ed. da Unesp, 2011.

GUMBRECHT, H. U. **Elogio da beleza atlética**. Tradução de Fernanda Ravagnani. São Paulo: Companhia das Letras, 2007.

HALL, S. **A identidade cultural na pós-modernidade**. Tradução de Guacira Lopes Louro. 7. ed. Rio de Janeiro: DP&A, 2003.

HERÓDOTO. **História**. São Paulo: eBooksBrasil, 2006. Disponível em: <http://www.ebooksbrasil.org/eLibris/historiaherodoto.html>. Acesso em: 7 nov. 2017.

HOBSBAWM, E. A produção em massa das tradições: Europa, 1870 a 1914. In: HOBSBAWM, E.; RANGER, T. (Org.). **A invenção das tradições**. Tradução de Celina Cardim Cavalcante. São Paulo: Paz e Terra, 2014a. p. 337-385.

HOBSBAWM, E. Introdução: a invenção das tradições. In: HOBSBAWM, E.; RANGER, T. (Org.). **A invenção das tradições**. Tradução de Celina Cardim Cavalcante. São Paulo: Paz e Terra, 2014b. p. 7-25.

HOBSBAWM, E.; RANGER, T. (Org.). **A invenção das tradições**. Tradução de Celina Cardim Cavalcante. São Paulo: Paz e Terra, 2014.

HOJE e amanhã feriados nas repartições federais. **Folha de S. Paulo**, 22 jun. 1970. 1 caderno, p. 1.

HOMERO. **Ilíada**. Tradução de Manoel Odorico Mendes. São Paulo: eBooksBrasil, 2009. Disponível em: <http://www.ebooksbrasil.org/adobeebook/iliadap.pdf>. Acesso em: 7 nov. 2017.

HUIZINGA, J. **Homo ludens**. Tradução de João Paulo Monteiro. 8. ed. São Paulo: Perspectiva, 2014.

INSTITUTO Brasileiro de Eugenia. **Boletim de Eugenía**, v. 1, n. 1, jan. 1929a. Disponível em: <http://old.ppi.uem.br/gephe/BE/BEAno1N1Jan1929.pdf>. Acesso em: 7 nov. 2017.

INSTITUTO Brasileiro de Eugenia. **Boletim de Eugenía**, v. 1, n. 3, mar. 1929b. Disponível em: <http://old.ppi.uem.br/gephe/BE/BEAno1N3Mar1929.pdf>. Acesso em: 7 nov. 2017.

INSTITUTO Brasileiro de Eugenia. **Boletim de Eugenía**, v. 1, n. 4, abr. 1929c. Disponível em: <http://old.ppi.uem.br/gephe/BE/BEAno1N4Abr1929.pdf>. Acesso em: 7 nov. 2017.

INSTITUTO Brasileiro de Eugenia. **Boletim de Eugenía**, v. 1, n. 8, ago. 1929d. Disponível em: <http://old.ppi.uem.br/gephe/BE/BEAno1N8Ago1929.pdf>. Acesso em: 7 nov. 2017.

INSTITUTO Brasileiro de Eugenia. **Boletim de Eugenía**, v. 1, n. 10, out. 1929e. Disponível em: <http://old.ppi.uem.br/gephe/BE/BEAno1N10Out1929.pdf>. Acesso em: 7 nov. 2017.

JENKINS, H. **Cultura da convergência**. Tradução de Susana Alexandria. 2. ed. São Paulo: Aleph, 2009.

KANT, I. **Crítica da faculdade do juízo**. Tradução de Antonio Marques e Valério Rohden. 2. ed. Rio de Janeiro: Forense Universitária, 1995.

LIMA, M. A. de; MARTINS, C. J.; CAPRARO, A. M. Olimpíadas modernas: a história de uma tradição inventada. **Pensar a Prática**, Goiânia, v. 12, n. 1, p. 1-11, jan./abr. 2009. Disponível em: <http://www.redecedes.ufpr.br/Artigos/5874-28303-1-PB.pdf>. Acesso em: 7 nov. 2017.

LIPOVETSKY, G. **O império do efêmero**: a moda e seu destino nas sociedades modernas. Tradução de Maria Lucia Machado. São Paulo: Companhia das Letras, 2009.

LUCENA, R. F. de. Jogo e esporte: uma conversa com Huizinga e Elias. **Conexões**, Campinas, v. 1, n. 1, p. 18-27, jul./dez. 1998. Disponível em: <https://periodicos.sbu.unicamp.br/ojs/index.php/conexoes/article/download/8638009/5695>. Acesso em: 7 nov. 2017.

MANNHEIM, K. **Ideologia e utopia**. Tradução de Sérgio Magalhães Santeiro. Rio de Janeiro: J. Zahar, 1976.

MARINHO, I. P. **Contribuições para a história da educação física e dos desportos no Brasil**. Rio de Janeiro: Imprensa Nacional, 1943.

MARINHO, I.P. **História da educação física e dos desportos no Brasil**: Brasil Colônia, Brasil Império, Brasil República – documentário e bibliografia. Rio de Janeiro: Ministério da Educação, 1952. v. 4.

MASCARELLO, F. (Org.). **História do cinema mundial**. Campinas: Papirus, 2006.

MEDINA, J. P. S. **A educação física cuida do corpo... "e mente"**: bases para a renovação e transformação da educação física. 26. ed. Campinas: Papirus, 2010.

MELO, V. A. de. **Cidade sportiva**: primórdios do esporte no Rio de Janeiro. Rio de Janeiro: Relume-Dumará, 2000.

MELO, V. A. de. Esporte, cidade e modernidade: a proposta desse livro. In: MELO, V. A. de (Org.). **Os sports e as cidades brasileiras**: transição dos séculos XIX e XX. Rio de Janeiro: Apicuri, 2010a. p. 5-18.

MELO, V. A. de. Esporte, cidade e modernidade: Rio de Janeiro. In: MELO, V. A. de (Org.). **Os sports e as cidades brasileiras**: transição dos séculos XIX e XX. Rio de Janeiro: Apicuri, 2010b. p. 19-48.

MELO, V. A. de. **História da educação física e do esporte no Brasil**: panorama e perspectivas. São Paulo: Ibrasa, 1999.

MELO, V. A. O ensino da história nos cursos de graduação em Educação Física. **História & Ensino**, Londrina, v. 6, p. 91-101, out. 2000. Disponível em: <http://www.uel.br/revistas/uel/index.php/histensino/article/viewFile/12392/10848>. Acesso em: 10 nov. 2017.

MICHELANGELO. **Davi**. 1501-1504. Escultura: 517 x 199 cm. Academia de Belas Artes, Florença.

MORAES E SILVA, M. et al. Pós-graduação em Educação Física: apontamentos sobre o livro "Dilemas e desafios da pós-graduação em Educação Física". **Journal of Physical Education**, Maringá, v. 28, 2017. Disponível em: <http://www.periodicos.uem.br/ojs/index.php/RevEducFis/article/download/34228/19523>. Acesso em: 7 nov. 2017.

PEDRERO-SÁNCHEZ, M. G. **História da Idade Média**: textos e testemunhas. São Paulo: Ed. da Unesp, 2000.

PLATÃO. **A república**. Tradução de Maria Helena da Rocha Pereira. 9. ed. Lisboa: Fundação Calouste Gulbenkian, 2001.

PLATT, R. **Olimpíadas**: os Jogos Olímpicos através dos tempos. Barueri: Girassol, 2012.

RAMOS, J. J. **Os exercícios físicos na história e na arte**: do homem primitivo aos nossos dias. São Paulo: Ibrasa, 1982.

RODRIGUES FILHO, M. **O negro no futebol brasileiro**. 5. ed. Rio de Janeiro: Mauad, 2010.

ROMA abandona candidatura aos Jogos Olímpicos de 2024. **IG**, São Paulo, 21 set. 2016. Esporte. Disponível em: <http://esporte.ig.com.br/olimpiadas/2016-09-21/roma-abandona-jogos-2024.html>. Acesso em: 7 nov. 2017.

ROSA, L. Madri é eliminada de luta por Olimpíada de 2020; Istambul e Tóquio seguem. **Terra**, 7 set. 2013. Esportes. Disponível em: <https://www.terra.com.br/esportes/jogos-olimpicos/madri-e-eliminada-de-luta-por-olimpiada-de-2020-istambul-e-toquio-seguem,0619f8d00d9f0410VgnVCM4000009bcceb0aRCRD.html>. Acesso em: 7 nov. 2017.

RUBIO, K. Do Olimpo ao pós-olimpismo: elementos para uma reflexão sobre o esporte atual. **Revista Paulista de Educação Física**, São Paulo, v. 16, n. 2, p. 130-143, jul./dez. 2002. Disponível em: <http://citrus.

uspnet.usp.br/eef/uploads/arquivo/v16%20n2%20artigo2.pdf>. Acesso em: 7 nov. 2017.

SANTOS NETO, J. M. **Visão do jogo**: os primórdios do futebol no Brasil. São Paulo: Cosac Naify, 2002.

SEBRENSKI, R. M. B.; CAPRARO, A. M.; CAVICHIOLLI, F. R. Estética do esporte: notas iconográficas sobre duas "estrelas" – Ana Kournikova e David Beckham. **Pensar a Prática**, Goiânia, v. 13, n. 1, p. 1-17, jan./abr. 2010. Disponível em: <https://www.revistas.ufg.br/fef/article/download/6143/6684>. Acesso em: 7 nov. 2017.

SEVCENKO, N.; NOVAIS, F. A. (Org.). **História da vida privada no Brasil**. São Paulo: Companhia das Letras, 1998. v. 3.

SILVA, K. V.; SILVA, M. H. **Dicionário de conceitos históricos**. São Paulo: Contexto, 2010.

SILVA, R. N. da. **Currículo escrito e a história da educação física no Brasil (1896-1945)**. 176 f. Dissertação (Mestrado em Educação) – Universidade Federal de São Carlos, Sorocaba, 2016. Disponível em: <http://www.ppged.ufscar.br/mce/arquivo/pagina78/ribamar_nogueira_da_silva.pdf>. Acesso em: 7 nov. 2017.

STYCER, M. Rio-2016 marca transição de Globo e NBC da televisão para a internet. **UOL**, 3 ago. 2016. Disponível em: <https://mauriciostycer.blogosfera.uol.com.br/2016/08/03/rio-2016-marca-transicao-de-globo-e-nbc-da-televisao-para-a-internet/>. Acesso em: 20 out. 2017.

TAVARES, O. Antecedentes históricos a Coubertin nos Jogos Olímpicos da Era Moderna. In: ENCONTRO DE HISTÓRIA DO ESPORTE, LAZER E EDUCAÇÃO FÍSICA, 5., 1997, Maceió. **Anais**... Maceió: Ufal, 1997.

TSIRAKIS, S. **Uma viagem à Grécia**: os Jogos Olímpicos e os deuses. São Paulo: Odysseus, 2004.

VARELLA, F. et al. **Tempo presente e usos do passado**. Rio de Janeiro: Ed. da FGV, 2012.

VEYNE, P. **O império greco-romano**. Tradução de Marisa Rocha Motta. Rio de Janeiro: Campus, 2008.

WHITE, H. **Meta-história**: a imaginação histórica do século XIX. Tradução de José Laurenio de Melo. 2. ed. São Paulo: Edusp, 1995.

WISNIK, J. M. **Veneno remédio**: o futebol e o Brasil. São Paulo: Companhia das Letras, 2008.

Bibliografia comentada

CASTELLANI FILHO, L. **Educação física no Brasil**: a história que não se conta. 19. ed. Campinas: Papirus, 2013.

Publicado logo após a queda da ditadura militar no Brasil, o livro do professor Lino Castellani Filho foi o primeiro a causar impacto no ensino da disciplina de História da Educação Física, pois rompeu com um modelo que, até então, focava o factual, ou seja, a descrição dos principais feitos e conquistas esportivas, bem como datas e fatos marcantes relativos à educação física. Essa obra é bastante crítica em relação ao papel social que essa área exerceu ao longo do século XX. O tom ácido e generalizante do autor rendeu algumas críticas à obra, mas vale ressaltar que ele a escreveu logo após a abertura à democracia, época que tinha a passionalidade como marca.

DA MATTA, R. et al. **Universo do futebol**: esporte e sociedade brasileira. Rio de Janeiro: Pinakotheke, 1982.

Essa obra apresenta quatro belos ensaios sobre a constituição do "país do futebol". Entre os tópicos abordados no livro, está a forma como o futebol é, muitas vezes, visto como a única oportunidade para meninos de classes baixas subirem na esfera social; como, ao mesmo tempo que é moldado por nossa cultura, o futebol a molda; e como o estilo livre, tido como irresponsável, de nossos atletas maximiza a paixão brasileira por esse esporte.

ECO, U. **História da beleza**. Tradução de Eliana Aguiar. Rio de Janeiro: Record, 2004.

O celebrado acadêmico, intelectual e escritor italiano – falecido em 2016 – ousou ao propor um ensaio iconográfico que parte da Grécia Antiga e chega à atualidade. Com o apoio do historiador Girolamo De Michele, autor de alguns capítulos, Eco defende a tese de que o conceito de estética é mutável e, portanto, de que a beleza atende a valores específicos de cada época. Com uma linguagem fluida e erudita, associada a uma composição astuta de imagens representativas de cada período histórico, Eco atinge seu objetivo. Mais tarde, complementando o estudo, o autor publicou outra obra em tom ensaístico: *História da feiura*.

ELIAS, N.; DUNNING, E. **A busca da excitação**. Tradução de Maria Manuela Almeida e Silva. Lisboa: Difel, 1992. (Coleção Memória e Sociedade).

Norbert Elias provavelmente é um dos autores mais estudados pelos profissionais da área de educação física nas últimas duas décadas, assim como a obra aqui indicada, escrita em parceria com Eric Dunning. Com o movimento de ampliação dos referenciais macroexplicativos, Elias, ao propor a ideia de *processo civilizatório* e, sobretudo, a teoria configuracional, prestou um favor aos pesquisadores que não querem partir de conceitos apriorísticos. Os textos apresentados por ele e seu colaborador sobre o esporte e o lazer servem para uma intensa reflexão acerca da relação amalgamada entre o jogo, o esporte e os padrões de violência.

GARRAFFONI, R. S. **Gladiadores na Roma Antiga**: dos combates às paixões cotidianas. São Paulo: Annablume/Fapesp, 2005.

Trata-se da obra mais completa publicada em português sobre gladiadores – figuras muito presentes no imaginário contemporâneo, pois são protagonistas de livros, filmes, *games*, entre outras mídias. Garraffoni, valendo-se de raro apuro teórico e criatividade no levantamento de fontes históricas, analisa desde fontes arquitetônicas (como os antigos anfiteatros romanos) aos grafites, tão presentes nas paredes de diversos monumentos. Em síntese, essa obra nos permite vislumbrar um novo quadro do antigo Império Romano, em que os gladiadores deixam de ser personagens estereotipados e passam a ser descritos de acordo com a maneira como possivelmente viviam.

GUMBRECHT, H. U. **Elogio da beleza atlética**. Tradução de Fernanda Ravagnani. São Paulo: Companhia das Letras, 2007.

Nessa obra, o professor alemão Hans Ulrich Gumbrecht, que ministra Teoria Literária e História da Literatura na Universidade de Stanford, apresenta um breve ensaio a fim de retribuir aos atletas os momentos felizes (de contemplação do belo ou até do sublime) que teve ao acompanhar eventos esportivos por toda a vida. Pensando em importantes conceitos da filosofia da estética, o autor lista um amplo repertório de exemplos marcantes do esporte mundial (vários, aliás, relacionados ao Brasil) para explicar o tema.

MELO, V. A. de. **História da educação física e do esporte no Brasil**: panorama e perspectivas. São Paulo: Ibrasa, 1999.

Victor Andrade de Melo é um dos mais conceituados pesquisadores brasileiros da área de história da educação física. Esse livro, embora não seja muito recente, foi escrito exatamente para ser usado na disciplina ofertada por Melo quando este era professor na graduação. Logo, o autor foi bastante cuidadoso e didático ao explicar conceitos básicos, como os de *fonte histórica*, *historiografia* e *pesquisa histórica*. Além disso, na segunda parte da obra, ele apresenta exemplos de como fazer efetivamente uma pesquisa nessa área.

MELO, V. A. de (Org.). **Os sports e as cidades brasileiras**: transição dos séculos XIX e XX. Rio de Janeiro: Apicuri, 2010.

Esse livro serviu de embasamento para a elaboração do Capítulo 3, que abordou como o esporte surgiu e se desenvolveu em algumas cidades brasileiras entre o fim do século XIX e o início do século XX, especificamente no Rio de Janeiro, em São Paulo e em Curitiba. A obra, no entanto, apresenta o histórico de outras cidades brasileiras importantes, como Belo Horizonte, Juiz de Fora, Santos, Porto Alegre, Florianópolis, Salvador, Aracaju, Recife, Natal e Belém. O organizador escolheu especialistas de cada cidade contempla para compor os capítulos da obra e lançar um olhar acadêmico sobre o assunto com base em fontes históricas.

HOBSBAWM, E.; RANGER, T. (Org.). **A invenção das tradições**. Tradução de Celina Cardim Cavalcante. São Paulo: Paz e Terra, 2014.

Essa obra, escrita Eric Hobsbawm e Terence Ranger, é conhecida mundialmente e bastante usada por pesquisadores de história da educação física e dos esportes. Embora o esporte apareça com mais evidência somente no último capítulo, o conceito de *tradição inventada* explica satisfatoriamente as constantes narrativas que vinculam o surgimento do esporte à civilização greco-romana. Resumidamente, é possível perceber que as histórias remotas abordadas pelos autores, por meio das quais eles procuram relacionar práticas utilitárias ou guerreiras a alguns esportes contemporâneos, visam aferir tradição a esses esportes. Na maioria dos casos, essa tradição agrega ao esporte valor simbólico ou econômico.

PINSKY, C. (Org.). **Fontes históricas**. São Paulo: Contexto, 2006.

Trata-se de uma coletânea que visa familiarizar o pesquisador iniciante com o manuseio de fontes históricas. Assim, o leitor pode ter uma noção básica de quais são as particularidades do trabalho realizado por meio desse tipo de fonte, que inclui documentos, fotografias, registros orais e cartas, bem como fontes fílmicas, monumentais (acervo material) e impressas, a partir do detalhamento e dos esclarecimentos de autores nacionais renomados. Esse livro também é bastante didático, tanto que, ao término de cada capítulo, o leitor encontra uma espécie de *checklist*, isto é, um passo a passo para realizar uma pesquisa de qualidade utilizando determinado tipo de fonte.

Respostas

Capítulo 1

Atividades de autoavaliação

1. c
2. d
3. b
4. d
5. e

Atividades de aprendizagem

Questões para reflexão

1. Nenhum conceito é definitivo – e o conceito de *história* não é uma exceção à regra. Logo, ele faz parte de um processo de construção histórica, pois, à medida que o tempo passa e as sociedades mudam, sobretudo em virtude dos avanços tecnológicos e científicos, os conceitos também se modificam.
2. Porque, ao ingressar no curso de Educação Física, o indivíduo passa a fazer parte da história da área. Assim, estudar ou pesquisar a história é, acima de tudo, um exercício de autoconhecimento – ao menos profissional.
3. Resposta pessoal. Sugestão: O mais importante é pensar na provável existência do tipo de fonte listado, se o acesso é possível e se o tempo destinado é suficiente. Por exemplo: um aluno resolve escrever sua monografia sobre educação física escolar em um colégio paulistano durante a ditadura militar. Nessa situação, as fontes listadas são os planejamentos anuais e os planos de aula; o acesso é possível porque o graduando estudou no colégio no ensino médio; e há tempo suficiente para a realização da pesquisa (um ano).

Capítulo 2

Atividades de autoavaliação

1. b
2. c
3. c
4. d
5. a

Atividades de aprendizagem

Questões para reflexão

1. Os antigos jogos gregos, os combates entre gladiadores e as competições renascentistas não podem ser considerados eventos precursores do esporte moderno porque havia bastante violência em sua prática – além de as finalidades serem diversas. Nas lutas gregas, como o pancrácio, valiam golpes bastante traumáticos, como socos e chutes nos órgãos genitais. Além disso, os eventos gregos eram uma celebração de cunho religioso. Já os romanos apreciavam nos anfiteatros a execução de criminosos, desertores e até de cristãos. Não eram muito comuns combates mortais entre os gladiadores, que eram regularmente escalados como verdadeiros carrascos. O *calcio fiorentino* e o *palio di Siena* também apresentavam elevado grau de violência. Além da questão da violência e do objetivo dos eventos, historicamente, nenhuma prática que é descontinuada por séculos pode retornar exatamente com os mesmos valores culturais. Nesse sentido, o esporte contemporâneo foi marcado, em seu momento inicial, pelo respeito incondicional às regras e pela civilidade, valores antagônicos àqueles promovidos por gregos, romanos e até por populares durante a Renascença.

2. Em virtude da forte influência da Igreja Católica Apostólica Romana, houve um retrocesso em termos de conhecimento, já que a razão deveria submeter-se à fé. Alguns livros, que supostamente poderiam ferir alguns princípios religiosos, foram proibidos e queimados. O corpo também sofreu esses efeitos, já que era considerado o gerador do pecado que feria a alma. Assim, os cuidados com higiene e saúde foram negligenciados também. As mulheres, em especial, sofreram bastante nesse período, pois frequentemente eram associadas à sedução – com efeito, ao próprio pecado. Esses são alguns dos motivos pelos quais se atribuem à Idade Média termos pejorativos como *Idade das Trevas* e *Obscurantismo Cultural*.

3. Existe uma correlação direta entre a distância temporal do presente e a quantidade de fontes disponíveis. No entanto, existem algumas exceções, e a civilização romana é uma delas. É bem provável que haja mais fontes sobre a vida dos romanos na Antiguidade do que sobre o cotidiano dos habitantes do Brasil nos séculos XVII e XVIII. Você poderia usar como fontes:

- **Textos variados**: textos que foram traduzidos do latim, como as obras de Suetônio, Plutarco, Apiano, Juvenal, Marcial e Sêneca.
- **Grafites**: desenhos símiles às atuais pichações, mas feitos com um estilete ou objeto metálico para esculpir levemente uma parede de pedra – muito comuns nas paredes dos antigos anfiteatros romanos.
- **Acervo material**: objetos variados que podem ser analisados, desde uma simples moeda com a figura do Coliseu até os próprios anfiteatros, cujas estruturas podem apontar para a magnificência dos eventos ali realizados durante o domínio romano.

Capítulo 3

Atividades de autoavaliação

1. d
2. c
3. e
4. a
5. c

Atividades de aprendizagem

Questões para reflexão

1. Pautados nos ideais civilizatórios de países europeus, intelectuais e médicos brasileiros passaram a incentivar a população à prática regular de atividade física, na intenção de que esse costume fosse somado ao controle profilático de doenças por meio de vacinas e à tentativa de reorganização urbana. Acreditava-se que tais práticas dariam origem a um novo homem brasileiro: robusto, forte e harmonioso. Além disso, acreditava-se que os exercícios físicos eram capazes de desenvolver os indivíduos de diversas maneiras, inclusive moralmente.
2. As concepções higienista e eugenista eram muito semelhantes, principalmente no que se refere à importância dada ao exercício físico e ao cuidado com a higiene. Entretanto, a concepção eugenista, no Brasil, foi defendida por uma ala mais radical de médicos higienistas, a qual acreditava que

seria necessária uma melhoria genética para que a população brasileira evoluísse. Em outras palavras, ao contrário dos primeiros higienistas, que defendiam que as características físicas e morais poderiam ser desenvolvidas com a ajuda da atividade física, os eugenistas pregavam que apenas os seres geneticamente fortes deveriam prevalecer.

3. Muitos governantes utilizaram o esporte, em especial o futebol, como forma de atingir o sucesso. Durante o regime militar, isso se mostrou de maneira ainda mais evidente. O principal exemplo disso foi a utilização deliberada da imagem da seleção brasileira de futebol durante a Copa do Mundo de 1970. O entusiasmo populacional com a seleção era muito grande na época, tanto que campanhas constantes incentivavam ainda mais o envolvimento do público com a equipe. Após o título, o presidente Emílio Garrastazu Médici, bastante empolgado, recebeu os jogadores com condecorações e declarou que ninguém seguraria aquele país – mensagem de duplo significado, ou seja, a força por ele declarada referia-se tanto ao futebol quanto aos aspectos políticos e econômicos de seu regime.

Capítulo 4

Atividades de autoavaliação

1. b
2. b
3. c
4. a
5. d

Atividades de aprendizagem

Questões para reflexão

1. *Agôn* corresponde à forma eminentemente competitiva do esporte, ou seja, o prazer pela vitória, pelo sucesso, ao se superarem os concorrentes. Já a *areté* é caracterizada pela busca da excelência esportiva, pelos limites do corpo humano e do próprio indivíduo. Cabe salientar que ambos os conceitos caminham lado a lado e dificilmente serão encontrados isolados nos eventos esportivos. O que existe é a predominância de um ou de outro, dependendo do momento analisado. Esses modelos de *performance* fascinam os espectadores porque elevam a capacidade física e de concentração dos atletas a níveis admiráveis. É como se as pessoas se imaginassem naqueles corpos performáticos e admitissem que nunca conseguirão chegar a tais níveis de desempenho.

2. A criação do Club de Regatas Botafogo, em 1894, do Clube de Regatas do Flamengo, em 1895, e do Club de Regatas Vasco da Gama, em 1898, visava à competição de remo. Assim, só posteriormente os clubes aderiram ao futebol. Em 1905, com a autorização do então prefeito Pereira Passos para a construção do Pavilhão de Regatas, a cidade do Rio de Janeiro passou a ter uma estrutura permanente não apenas para a realização das disputas entre as equipes de remo, mas também para constantes reuniões públicas da elite carioca.

3. Apesar de ter surgido como um esporte característico dos jovens filhos de aristocratas ingleses no Brasil, o futebol não ficou por muito tempo afastado das classes populares. Atletas operários começaram a se multiplicar e, muitas vezes, recebiam recompensas de seus patrões por bons desempenhos esportivos. Não demorou muito para a vitória passar a importar mais do que a manutenção da classe aristocrática nas disputas. Assim, o esporte se democratizou e passou a ser considerado semiprofissional, pois, mesmo que de forma mascarada, muitos atletas já eram contratados exclusivamente para jogar futebol – existem indícios de que alguns deles, em meados do século XX, já migravam de um centro a outro em busca de melhores propostas.

Capítulo 5

Atividades de autoavaliação

1. b
2. c
3. c
4. e
5. d

Atividades de aprendizagem

Questões para reflexão

1. Entre os elementos presentes nas disputas das Olimpíadas, podemos citar a utilização de substâncias proibidas para aumento de força e desempenho físico, o que há tempos está amplamente presente no esporte de alto rendimento e, consequentemente, nos Jogos Olímpicos. Um exemplo é o caso ocorrido na edição Rio 2016, em que toda a delegação de atletismo da Rússia foi proibida de participar da Olimpíada em decorrência de um processo de dopagem comandado pela própria Federação Russa de Atletismo.

Atualmente, os exames vêm comprovando que muitos campeões olímpicos de edições passadas apresentavam vestígios de substâncias proibidas no sangue coletado à época das competições. Por conta disso, tais atletas estão perdendo suas medalhas. Um exemplo: Nesta Carter, um dos atletas componentes do revezamento 4 x 100 m rasos da Jamaica, que ganhou medalha de ouro nas Olimpíadas de Pequim, em 2008, foi pego em um exame *antidoping* realizado apenas em 2017. Ele perdeu o ouro e fez os demais atletas de sua equipe também perderem a medalha, inclusive Usain Bolt.

2. Desde o início das Olimpíadas da Era Moderna, as regras sempre foram muito confusas e, muitas vezes, não havia consenso sobre o que poderia ser considerado profissionalismo. Esse ideal, no entanto, foi perdendo força gradativamente até ser extinto dos regulamentos, algo que ocorreu após as Olimpíadas de Seul, em 1988. Oscar Schmidt, por exemplo, não aceitou disputar a NBA na década de 1980, pois isso o impediria de jogar pela seleção brasileira nas Olimpíadas, mas atuou por clubes brasileiros e italianos ainda durante a época do amadorismo obrigatório, recebendo salários por sua atividade esportiva.

3. Os eventos olímpicos sempre estiveram ligados a aspectos políticos, haja vista que eles se configuram como grandes oportunidades de visibilidade para países e cidades. Assim, há uma enorme batalha em busca de votos nas eleições para cidades-sede. Além disso, ao longo da história, vários episódios bastante significativos politicamente se mostraram presentes nas Olimpíadas, como o atentado terrorista em Munique, em 1972, o boicote capitalista a Moscou, em 1980, e o boicote socialista a Los Angeles, em 1984.

Capítulo 6

Atividades de autoavaliação

1. c
2. c
3. b
4. c
5. d

Atividades de aprendizagem

Questões para reflexão

1. *Estética* é um termo bastante usado pelo senso comum, embora poucas pessoas saibam exatamente sua definição. Kant (1995), no livro *Crítica da faculdade do juízo*, afirma que a estética é um conceito subjetivo que pode ser associado à percepção individual do que é ou não é belo. Tendo isso em vista, o filósofo acentua que ela está atrelada a outras categorias, como a feiura, considerando que entre a beleza e a feiura existem categorias intermediárias.
2. O corpo, na atualidade, não respeita mais a conjugação beleza/saúde, condição que deveria ser fundamental quando pensamos em estética corporal. Logo, os profissionais da área de educação física têm, minimamente, dois papéis fundamentais: fazer a população ter conhecimento do próprio corpo, o que inclui respeitar os próprios limites; e seguir procedimentos éticos que primem pela saúde dos educandos.
3. Resposta pessoal. Sugestão: Procure observar como as representações estéticas do corpo se alteram ao longo do tempo.

Sobre os autores

André Mendes Capraro é professor dos cursos de graduação e pós-graduação (mestrado/doutorado) em Educação Física da Universidade Federal do Paraná (UFPR) desde 2008. É graduado em Educação Física pela própria instituição em que leciona, em Psicologia pela Universidade Tuiuti do Paraná (UTP) e em História pelo Centro Universitário Internacional Uninter. Também é mestre e doutor em História pela UFPR. Em 2012/2013, fez estágio pós-doutoral na Università Ca' Foscari di Venezia. Além de participar de conselhos editoriais e ser parecerista de revistas científicas, é avaliador institucional e de cursos de graduação pelo Instituto Nacional de Estudos e Pesquisas Educacionais Anísio Teixeira (Inep). Atualmente, é membro da Società Italiana di Storia dello Sport (SISS) e do European Committee for Sports History.

Maria Thereza Oliveira Souza é professora colaboradora dos cursos de bacharelado e licenciatura em Educação Física da Universidade Estadual de Ponta Grossa (UEPG). Também exerce a função de professora do curso de Educação Física no Centro Universitário Campos de Andrade (Uniandrade). É graduada, mestra e doutora em Educação Física pela Universidade Federal do Paraná (UFPR). Exerce a função de parecerista em revistas científicas. Em 2023 faz estágio pós-doutoral na UFPR, em que desenvolve pesquisa sobre o empoderamento feminino por meio do futebol em parceria com a Western Norway University of Applied Sciences.

Impressão:
Junho/2023